Le Métayage Dans Le Plateau De Langres...

Adrien Brun d'Artis

Le Métayage

dans le Plateau de Langres

Le Métayage
dans le Plateau de Langres

THÈSE

Soutenue en 1905

A L'INSTITUT AGRICOLE DE BEAUVAIS

DEVANT

MM. les Délégués de la Société des Agriculteurs de France

PAR

Adrien BRUN D'ARTIS

BLOIS

IMPRIMERIE C. MIGAULT ET Cie

14, rue Pierre-de-Blois, 14

—

1905

A ma Mère

AVANT=PROPOS

_____

Le but de cette thèse agricole est la recherche du mode de jouissance le plus avantageux et des meilleures spéculations à entreprendre dans une propriété du plateau de Langres, d'une contenance de 140 hectares à répartir entre trois petites exploitations.

Elles sont situées sur la commune de Courlon, dans le département de la Côte-d'Or. Comme celui-ci ne comprend qu'une extrémité de la région montagneuse qui nous occupe, je me suis, dans une première partie réservée aux généralités, appuyé beaucoup plus sur les données de la géographie que sur les définitions administratives.

Nous passerons donc en revue le climat, l'orographie, la géologie, les débouchés et la main-d'œuvre considérés dans la contrée en général. J'ai cru devoir insister assez longuement sur la géologie, la formation physique et chimique du sol, sa nature décelée par sa flore, ses aptitudes, en raison de l'intérêt que présente cette étude. Par suite du relief accidenté les terrains varient brusquement. La connaissance approfondie des strates géologiques permet seule une délimitation exacte, difficile par le simple emploi d'une carte ou les données générales d'un ouvrage. Et, dans le cas présent, outre les services qu'elle peut rendre en évitant de multiples analyses chimiques, cette délimitation est nécessaire pour déterminer les spéculations culturales.

Dans une seconde partie ayant pour objet l'exploitation, j'ai :

1° Essayé une répartition rationnelle des terres entre trois exploitations ;

2° Donné un état des bâtiments :

3° Recherché le meilleur mode de jouissance qui m'a semblé le métayage ;

4° Indiqué en quelques mots l'état actuel des cultures et les résultats obtenus.

Ces bases ainsi établies, nous passerons au faire-valoir qui fait l'objet d'une troisième partie divisée en cinq chapitres :

1° L'assolement et les cultures ou le meilleur parti à tirer des terres ;

2° Le bétail ou le meilleur mode d'utilisation des denrées alimentaires produites par l'exploitation ;

3° Le matériel agricole déterminé par les cultures et les animaux de travail ;

4° La loi de la restitution et les engrais nécessaires pour obtenir les résultats annoncés ;

5° La comptabilité très simple du métayage.

Tel est le plan de ce modeste travail, application bien imparfaite de l'enseignement reçu des dévoués professeurs de l'Institut de Beauvais et des excellentes leçons pratiques d'un stage agricole. Cherchant dans leur approbation un gage de réussite, j'ai l'honneur de le soumettre à la bienveillante appréciation de Messieurs les Délégués de la Société des Agriculteurs de France.

Adrien BRUN d'ARTIS.

PREMIÈRE PARTIE

GÉNÉRALITÉS SUR LA RÉGION

Situation géographique, Climat

La commune de Courlon est située au Nord-Est du département de la Côte-d'Or, sur la limite des provinces de Bourgogne et Champagne, par 52° 95' 81" de latitude et 2° 96' 50" de longitude Est. Elle s'étend sur les dernières ramifications du plateau de Langres qui rejoignent sans discontinuité la partie septentrionale des collines de la Côte-d'Or.

Le département peut se diviser en quatre régions agricoles. La première au S.-E. est un pays d'élevage et de céréales. Les **vignes** sont répandues au S.-O., sur la côte bourguignonne. L'élevage est pratiqué à l'O. dans l'Auxois. Enfin, dans la région N. et N.-E., les prairies dans les vallées, la culture des céréales sur les plateaux se partagent la place laissée par les bois.

Cette dernière région jouit du climat continental à peine adouci par le voisinage des hautes vallées de la Seine et de la Saône. Il est caractérisé par des hivers longs et froids, des étés chauds et secs et de brusques transitions de température entre le jour et la nuit, en toute saison, surtout au printemps et à l'automne.

L'hiver commence sur la fin de novembre et amène fréquemment des froids de — 15 à — 17°. Il finit par un mois de février généralement beau et mars pluvieux. Pendant le printemps long et humide, les gelées persistent jusqu'en mai. L'automne s'ouvre à la fin de septembre ou au commencement d'octobre par des gelées blanches qui ne nuisent pas à la beauté des derniers jours ensoleillés. Depuis une vingtaine d'années, le régime des saisons semble s'être légèrement modifié. La neige apparaissait dès la fin de novembre, l'été était plus précoce et les gelées de mai sensiblement plus rares.

La grêle est très rare. La dernière eut lieu en 1902. On n'en avait pas vu depuis vingt ans dans la contrée.

Quant au vent, c'est un desséchant pour les plateaux et un agent de ruine pour les vallons où il peut s'engouffrer. Pendant les orages d'été, il couche les récoltes sur le sol. En automne, il forme des courants d'air capables, par évaporation de la rosée, d'abaisser la température à plusieurs degrés au-dessous des milieux environnants. Il retarde enfin la végétation sur les versants septentrionaux.

Configuration générale. Orographie

L'altitude qui varie de 317 à 495 mètres, joue un grand rôle dans la rudesse du climat. Le fait apparaît de façon frappante au printemps, lorsqu'on compare à la végétation du plateau de Langres, celle des environs de Dijon, dont l'altitude est inférieure de 2 à 300 mètres.

La contrée est formée par un vaste plateau bathonien dont les crêtes atteignent 430 à 532 m. Il est incliné vers Chaumont où il se termine par une falaise bajocienne. A une certaine altitude (au-dessus de 450 m. environ), la vue s'étend sur une série de croupes vallonnées, plus ou moins boisées. Il n'est pas rare de voir jusqu'à sept au huit plans de montagne différents qui varient l'été du vert sombre au gris bleuâtre. Entre ces lignes d'horizon se devinent les lits de nombreuses vallées d'érosion, aux pentes abruptes, aux contours variés et aux coudes brusques.

En descendant du plateau par des pentes douces, on arrive sur l'abrupt principal d'une élévation de 60 à 100 mètres, formé en grande partie par une arête rocheuse, mise à nu, semble-t-il par l'érosion des eaux. Alors se découvre le vallon principal sur lequel s'amorcent des combes secondaires. Les vallons vont s'élargissant concurremment avec l'abaissement du plateau vers les plaines de la Tille, de l'Ouche, de la Saône, tandis qu'en sens inverse, le même phénomène orographique se produit perpendiculairement à l'axe de la chaîne, vers la Seine.

Le vallon de Courlon est enserré entre deux lignes de sommets dont la moins élevée est celle du N.-E., d'une altitude de 440 à 470 m. Le sommet le plus élevé du S.-O. (495 m.), domine immédiatement le village. Du côté N.-O., le plateau garde une altitude moyenne de 470 m. et plus au S., s'abaisse à 390.

Le vallon prend son origine dans un couloir de rochers bajociens, 80 mètres plus haut que la station du Pavillon où il rejoint le vallon de Grancey. Sa longueur étant d'environ 8 kilomètres, l'inclinaison moyenne en est donc de 1 %.

Stratigraphie

L'allure des couches géologiques est très régulière à part de nombreuses failles d'importance assez secondaire, limitées à cette région, difficiles à suivre au travers des plateaux boisés. Leur direction est le N.-E. Tantôt la lèvre orientale est abaissée, facilitant la pente vers la Saône, tantôt au contraire relevée, ce qui compense l'inclinaison S.-E. des strates identique à celle des vallées et perpendiculaire à la direction des failles. Au S.-E. de Courlon, certaines couches (bajocien et bathonien inférieur)

subissent une réduction rapide indiquant un enfoncement important de la mer jurassique du côté du N.-O.

Hydrographie

Du S.-O. au N.-E., entre les bassins de la Seine et du Rhône,
la ligne idéale de partage des eaux suit assez exactement le
chemin de fer de Poinson-Beneuvre à Langres. Elle n'est
marquée par aucune crête de sommets, mais jalonnée par une
série de sources de rivières importantes. Suivant en serpentant
le cours sinueux des vallons, les bras de la Tille et leurs affluents
descendent vers la Saône, l'Ource, la Coquille et d'autres vers
la Seine.

Les cours d'eau du bassin de la Seine suivent à peu près la
ligne de plus grande pente des strates N.-O. Ceux du bassin de
la Saône sont déviés par les strates et le défaut d'homogénité
du bassin. Ils présentent des coudes rectangulaires dans leur
cours supérieur et leur écoulement a lieu vers le S., au lieu de
suivre uniformément la direction S.-E. Ces rivières, ruisseaux
infimes pendant 5 ou 6 kilomètres, reçoivent toutes les sources des
combes, souvent taries pendant la belle saison, mais que les
pluies d'automne gonflent et multiplient avec une étonnante
rapidité. Alors, les cours d'eau réduits l'été à un mince filet
coulent à plein bord et submergent, pendant les mois d'hiver,
les prairies qu'ils traversent.

Il y a deux niveaux principaux et constants pour les sources :
le premier à la jonction des calcaires à entroques du bajocien
inférieur avec les marnes toarciennes ; le second dans le
bathonien moyen au niveau des marnes argileuses à *O. acumi-*
nata. Aux secondes appartiennent celles de l'Aube, de l'Ource,
de la Tille et de la Vingeanne ; aux premières, la Venelle ou
d'autres qui, comme les Douix à Châtillon, remontent dans les
cassures des rochers bajociens ainsi que dans un siphon. Les

sources sont très nombreuses, mais généralement peu importantes. Les eaux d'infiltration de la grande oolithe passent aux calcaires marneux et aux sables du bathonien pour arriver à la zone argileuse à *O. acuminata*. Une partie atteint les rochers du bajocien et tombe sur les marnes toarciennes que leur épaisseur rend infranchissables. Les roches calcaires fissurées chargent souvent de CO^3Ca les eaux qui deviennent alors pétrifiantes.

Le vallon de Courlon est arrosé par un des bras de la Tille qui prend sa source à 4 km. au nord du village. A cet endroit son débit est d'environ 200 litres par seconde en hiver et s'abaisse à 10 en été. Au fur et à mesure de sa descente, elle reçoit une dizaine de petits affluents originaires des combes. Les eaux sont généralement excellentes, fraîches, quelques-unes chargées de carbonate de calcium ou de peroxyde de fer.

Géologie

Généralités géologiques

Les terrains de l'ère secondaire et particulièrement le jurassique couvrent presque en entier le département de la Côte-d'Or. Les derniers promontoires du plateau de Langres qui vont rejoindre par les collines de la Côte-d'Or le massif granitique du Morvan, sont constituées par les étages supérieurs de la période liasique, le médio et le suprajurassique. La commune de Courlon ne regarde que les étages toarcien du lias ou infrajurassique, bajocien et bathonien du médiojurassique, en outre des alluvions et des dépôts meubles sur les pentes. Le sol et les roches bien que limités à ces quatre formations principales méritent par suite de leurs brusques variations une étude approfondie.

Auparavant, quelques courtes généralités sur la période feront mieux comprendre ce qui va suivre. Au sortir des temps primaires, l'activité interne du globe semble s'être calmée considérablement pendant le triasique, pour devenir insignifiante pendant le jurassique. Le résultat fut la fixité et la régularité des dépôts détritiques. Nous verrons plus tard quelles causes ont pu contrebalancer cette homogénéité première, causes essentiellement dues, semble-t-il, à des phénomènes sismiques postérieurs.

Les temps jurassiques ont été caractérisés par un affaissement de l'Europe occidentale, particulièrement en France. La mer jurassique, resserrée sur ce point du globe entre l'Atlantique alors émergé et le continent asiatique, entourait le Massif central, recouvrant peu à peu les lagunes saumâtres du triasique. Le Jura bénéficia des formations les plus importantes. Leur caractère essentiel est d'offrir des teintes de plus en plus claires. depuis le brun au blanc suivant leur âge plus récent, grâce à la précipitation plus active du CO_3Ca. Les géologues se sont basés pour leur classification sur cette couleur des sols jurassiques et les ont divisés en Jura noir, Jura brun et Jura blanc qui sont devenus l'infrajurassique ou infralias ou lias, le médio et le suprajurassique.

Le lias a été divisé en cinq étages, le *rhétien* et l'*hettangien* dont les formations gréseuses supportent les marnes du *sinémurien* (Semur), du *liasien* ou *charmouthien* (Charmouth) et du *toarcien* (Thouars). Nous n'avons pas à nous étendre sur la faune liasique caractérisée par la brusque apparition des mammifères et le développement considérable des crocodiliens, des ostracées, des ammonites et bélemnites, caractères qui se perpétueront d'ailleurs pendant tout le jurassique.

Nous ne parlerons pas non plus des zones paléontologiques dont l'intérêt est médiocre pour nous et qui ne sont pas d'ailleurs absolument invariables.

Le médiojurassique est caractérisé par un progrès de la transgression marine sur l'Europe occidentale et une grande activité coralliaire dans des mers où la sédimentation détritique s'affaiblit de plus en plus.

On divise cette période en deux étages : le *bajocien* (Bayeux), qui comprend l'oolithe inférieure et le *bathonien* (Bath) : les argiles bleues, la grande oolithe, les marbres et les calcaires coquilliers.

Les étages du suprajurassique *callovien*, *oxfordien*, etc., n'apparaissent qu'à une certaine distance des contreforts du plateau de Langres.

Les alluvions qui se sont déposées à une époque bien postérieure sur les premières formations, comprennent les alluvions anciennes, modernes et des dépôts meubles sur les pentes distincts des premières qui sont l'apanage exclusif des vallées.

Nous allons étudier maintenant en détail ces divers étages : toarcien, bajocien, bathonien et alluvions.

Toarcien

Les dépôts du lias qui affleurent à la base du plateau de Langres relient souterrainement le lias de l'Auxois à celui de la Franche-Comté. Le lias supérieur se montre dans toute sa hauteur au pied de la falaise du plateau de Langres, avec un facies franchement lorrain. Il affleure dans certaines vallées où le calcaire à entroques du bajocien a été suffisamment entamé. Dans la vallée qui nous occupe, le type du lias semble nettement se rattacher à celui de l'Auxois par l'absence de l'oolithe ferrugineuse toarcienne (1) qui le différencie du lorrain. Cette roche employée parfois comme minerai se rencontre dans les environs, à Villecomté, mais seulement dans l'oxfordien. Cette considé-

---

(1) L'oolithe ferrugineuse du toarcien de Lorraine est formée de grains de peroxyde de fer hydraté agglutinés par un ciment argilo-ferrugineux. Elle ferait partie de la zone ferrugineuse qui s'étend de l'Ardèche au Luxembourg sur l'est de la France actuelle. La formation spéciale de ce minerai décelée par l'analyse microscopique semblerait être due à l'activité organique par précipitation du CO_3Fe amené par les grands courants marins. La théorie de la formation de ces nodules excessivement petits serait la même que pour les nodules phosphatés du crétacé.

ration semble devoir nous faire opter en faveur du lias de l'Auxois, malgré la proximité des dépôts langrois.

D'une manière générale, le toarcien est constitué par des marnes micacées et gréseuses au sommet, de plus en plus argileuses et calcaires à mesure qu'on descend. Très souvent ces marnes, véritables grès marneux très fins, affectent un aspect schisteux.

La série des couches est la suivante, en commençant par le bas.

1. — Zone à *Harpoceras falciferum*. (*Ammonites serpentinus*), *Harpoceras bifrons*.

Elle comprend des marnes à *Posidinies* et des lumachelles à *Amm. serpentinus, Amm. Desplacei, Amm. Holandrei, Posidonomya Bronni, Lingula*. A la base, les bancs sont schisteux en grandes feuilles planes, avec écailles de poissons riches en $(PO^4)^3Ca^3$.

2. — Zone à *Cœloceras commune, Cœloceras crassum, Harpoceras bifrons*.

Elle est constituée par des marnes avec des bancs solides et rognons de calcaire gréseux à *Amm. complanatus, Amm. bifrons, Turbo capitaneus, Bel. irregularis, B. unisulcatus, A. insignis, A. sublineatus, Astarte lucida, Plicatula catinus*, Au milieu se trouve un lit de calcaire rougeâtre en nodules arrondis de CO^3Fe riches en CO^3Ca et en argile et se débitant en écailles. Quelquefois apparaissent des bancs de gypse.

3. — Zone à *Lytoceras jurense, Hammat. insigne, Harp. fallaciosum (Amm. radians)*.

Ce sont les marnes à *Turbo subduplicatus, Amm. crassus, Lœda rostralis*.

4. — Zone à *Harp. opalinum, Harp. aalense*.

Elle est représentée par les marnes bleues avec lentilles gréseuses à *Cancellophycus liasicus*. Ces grès sont très fins, schisteux et micacés, de couleur ocre ou brune, de plus en plus marneux à mesure qu'on descend. Par métamorphisme, les

marnes sableuses supérieures ont donné parfois lieu à une limonite lenticulaire.

Il est intéressant d'ajouter que les marnes toarciennes ont donné naissance à de nombreuses briqueteries dont plusieurs sont exploitées avec succès dans les environs.

L'épaisseur totale du toarcien qui n'est que de 30 m. en Auxois, augmente d'une manière continue du côté de la Lorraine où il atteint 100 m. de puissance. On ne doit pas être éloigné de la vérité en lui assignant une cinquantaine de mètres vers Grancey.

Bajocien

Le bajocien, très puissant en Lorraine, diminue à la limite des Vosges et de la Haute-Marne, atteint une centaine de mètres du côté de Langres, où il forme un promotoire escarpé et s'étend dans le Châtillonnais sur une épaisseur de 40 à 70 m. maximum vers Recey-sur-Ource. C'est lui qui forme le vaste promontoire du plateau de Langres couronnant les marnes liasiques d'une muraille moyenne de 30 mètres semblable à un rempart élevé de main d'homme ou formant le fond des vallées découpées dans les plateaux calcaires du bathonien moyen.

1. — A la base, reposant sur le toarcien, on rencontre les calcaires gris à *Pecten personatus, Amm. Sauzei, Amm. Murchisonæ, Rhynchonella quadriplicata,* calcaires à cassure grenue, avec taches de rouille, exploités pour moellons, souvent très cristallins.

2. — Puis vient une zone puissante de calcaires blancs, gris, jaunes, souvent rouges ou rosés, formés d'entroques, et où s'ouvrent des carrières nombreuses. C'est le calcaire à entroques, roche dominante du bajocien, caractérisé par *Cidaris cucumifera, Clypeus patella, Extracrinus babeanus.*

3. — Ensuite des calcaires gris clair à grands et nombreux polypiers (*Cladophyllia babeana, Confusastræa ornata, Isas-*

2

træa, *Thamnastræa crenulata*), entremêlés de marnes grumeleuses et de calcaires jaunâtres à pâte fine à *Pecten virguliferus*.

4. — Au sommet, des dalles de calcaire fissile, blanchâtre, à
cassure grenue, formé d'oolithes et d'entroques avec *Gervilia,
Hinnites, Ostrea Marshii, Collyrites ringens, Parkinsonia
Parkinsoni, Acanthothyris spinosa*. Ces calcaires oolithiques,
exploités en dalles sous le nom de laves pour la couverture des
maisons, sont entremêlés sur une épaisseur de 8 mètres dans
les bancs à polypiers ou entroques et ont fait donner au bajocien le synonyme d'*inferior oolite*. Parfois, comme à Bussières,
ils manquent comme formation distincte et se confondent avec
les calcaires à polypiers. On y trouve quelquefois des rognons
de silex.

Ce sont les roches compactes du bajocien qui donnent aux
vallées liasiques leur aspect abrupt et encaissé. Elles jouent un
grand rôle dans l'orographie de la contrée, mettant obstacle à
l'éboulement des pentes.

Bathonien

Tandis que le calcaire à entroques caractérise le bajocien,
l'oolithe dominera dans le bathonien. Cet étage sera d'autant
plus oolithique qu'on se rapprochera du Bassigny par lequel il
se relie insensiblement à celui de la Lorraine ; ce qui semble
prouver que l'Auxois par ses sédiments vaseux marquait un
détroit, tandis que les formations coralliaires s'établissaient en
haute mer vers les Faucilles et les Vosges.

Nous considérerons dans le bathonien trois sous-étages : le
bathonien inférieur, moyen, lui-même divisé en grande oolithe
et calcaire sublithographique ou *Forest-marble*, et enfin le bathonien supérieur.

Le bathonien inférieur correspond au *Fullers earth* de la
classification de William Smith. A la base on remarque sur

1 à 2 mètres des calcaires roux marneux à *Homomya gibbosa*, entremêlés de marnes. Cette formation, continuelle vers l'Est, semble absente de la contrée.

Le *Fullers earth*, tel que nous le rencontrons, est formé de marnes argileuses bleues à *O. acuminata* formant des lumachelles dans les bancs de calcaire schisteux caractérisés surtout vers le Sud. On y trouve également *Rh. concinna, Terebratula Mandelslohi, Ter. intermedia, Ter. Ferryi*. Leur épaisseur est de 4 à 5 mètres.

Ces argiles, qui ont été employées comme terres à foulon dans le Gloucestershire, — d'où le nom de *Fullers earth*, — passent au jaune et se chargent de calcaire à mesure que l'on monte vers le bathonien moyen. Elles en sont séparées par des calcaires gris à oolithes cannabines rousses en bancs alternés de plus en plus importants à mesure que l'on monte *(Pinna ampla et Pholadomya bucardium, Homomya Vezelayi, H. gibbosa, Amm. Parkinsonia, Clypeus Ploti, Pholadomya lyrata, Collyrites ringens)*.

Le bathonien inférieur n'offre pas de larges affleurements et apparaît surtout au flanc des vallées d'érosion sur une épaisseur de 25 à 35 mètres, qui va croissant du côté de Langres. Par exception, il constitue presque à lui seul un petit plateau entre Grancey et Courlon.

Le bathonien moyen couvre les trois quarts de la contrée : il comprend la grande oolithe, ou *great oolit*, et le calcaire sublithographique, ou *Bradford clay* ou *Forest-marble*. La puissance normale de la grande oolithe est de 40 à 60 m. et varie en raison inverse de celle des calcaires compacts sublithographiques. Elle augmente de l'Est à l'Ouest.

A la base sur 25 mètres s'étalent les calcaires *Perisphynctes arbustigerus, Ph. bellona, Ph. Murchisoni, Ph. Vezelayi*, qui forment, avec les calcaires à *Ph. bucardium*, le *calcaire marneux blanc jaunâtre*, caractérisé par sa richesse en acéphalés, notamment en *Pholadomies*. Ce sont des calcaires marneux gris, gris blanchâtre, non olithiques, chargés de rognons de silex vers le Sud, de petits *Peignes* au Nord-Ouest. Ils se confondent insensiblement vers le bas avec les calcaires gris à *Ph. bucardium* du bathonien inférieur et au sommet avec les premiers bancs de de l'oolithe miliaire.

L'oolithe miliaire *(Purpura glabra, Purpuroïdea, Helcion, Nerinea, Lima luciensis, Trigonia, Polypiers, Anabacia orbulites)* commence par des bancs à oolithes grosses comme des pépins de raisin, diminuant à mesure que l'on monte. Le calcaire dur, non gélif, fait ensuite place à l'oolithe blanche miliaire, assez tendre pour servir parfois de pierre d'appareillement, en bancs volumineux, irréguliers, rosés, blancs ou jaunes. La puissance de l'oolithe miliaire est de 15 mètres.

Vers Grancey, on passe brusquement de l'oolithe miliaire au bathonien inférieur ; l'assise non oolithique se dessine sur le flanc des vallées par des pentes plus raides.

Le nom de *cafre* est assigné dans le pays au sous-sol des formations calcaires qui s'étendent de l'oolithe miliaire aux argiles du Fullers earth ; en un mot, il affecte le calcaire marneux blanc jaunâtre.

Aux argiles de Bradford ou *Bradford clay* de William Smith, correspond ici le calcaire sublithographique, improprement appelé *Forest-marble,* parce qu'il fut exploité comme marbre en Angleterre, dans la forêt de Wichwood. Il comprend à la base, sur une épaisseur de 1 à 3 mètres, des calcaires magnésiens, durs, rosés, à pâte grenue, avec gros grains de calcaire compact et géodes de calcite. Ils forment brèche rocheuse à la surface des plateaux.

Puis les calcaires blancs sublithographiques à échinodermes *(Anabacia orbulites, Rhynchonella decorata),* massifs, compacts, à pâte fine, blanche, à cassure esquilleuse, avec grosses pisolithes irrégulières, en bancs de $0^m 10$ à 1 m. parfois inégalement stratifiés, souvent fissurés, sans intercalation marneuse. Souvent se rencontrent des oolithes plus grosses, formant corps

avec la roche et facilitant la désagrégation par la gelée. Alors
la roche est crayeuse et friable. Elle est gélive, surtout à la
base, et employée pour l'empierrement. Ailleurs, comme à Ra-
vières et Comblanchien, les bancs du Forest-marble donnent
une pierre de construction renommée. Leur puissance moyenne
est d'environ 40 m. et diminue de 25 mètres de l'Est à l'Ouest.
Ils supportent des plateaux boisés, se terminant en pentes
abruptes.

Le bathonien supérieur semble être un dépôt d'eau peu profonde. Il commence au-dessus des calcaires sublithographiques
par des calcaires jaunâtres subcompacts et oolithiques, avec
marnes jaunes et grumeleuses intercalées, comprenant les calcaires et marnes à *Waldheimia digona, var. minor*, les calcaires
et marnes à *Eudesia cardium*. On y trouve encore *Ter. cardium*,
Ter. digona, var. major, *Amm. bullatus*. Cette zone est parfois
très réduite.

Puis viennent les lumachelles à *Waldheimia digona, var.
emarginata*, *Rh. varians*, *Ph. deltoïdea*, *Ph. divionensis*, *Lima
cardiformis*, *Ter. digona, var. minor* (*Ter. divionensis*), *Ter. intermedia*. Elles renferment des bancs durs, oolithiques à la base,
avec grandes taches bleues. Ils sont tendres et oolithiques vers
Châtillon (*Rh. Hopkinsi*). A Mosson, on rencontre des calcaires
feuilletés, oolithiques, tendres et crayeux avec nodules de silex
et empreintes de plantes terrestres et marines. Sur la première
zone s'appuient des bancs à polypiers, compacts, rosés, avec
grosses oolithes empâtées.

Enfin, couronnant le sommet du bathonien, arrivent les calcaires fissiles à *Pernostrea Pellati*, *Pentacrinus Buvignieri*,
Amm. macrocephalus. Sur 8 m., on rencontre d'abord des
bancs oolithiques ou compacts, coquilliers, ferrugineux : puis
des bancs minces, fissiles, grisâtres, très oolithiques.

Les bancs calcaires oolithiques se sont déposés obliquement à
la stratification générale et sont exploités comme laves à l'égal
des roches supérieures du bajocien. Par ses trois niveaux mar-

neux principaux et ses calcaires souvent bréchiformes, cet étage, puissant de 20 m., est propre à la culture des céréales, d'où son nom anglais de *Cornbrash*.

Alluvions et dépôts meubles

On distingue les alluvions anciennes, formées de graviers, et, les recouvrant presque partout, les alluvions modernes, argileuses ou sableuses, formées par le charriage des éléments désagrégés des couches calcaires et argileuses. Elles supportent parfois de la tourbe, dans les sols humides.

Ces alluvions, dont le nom se limite généralement aux formations récentes qui remplissent le fond des vallées ou étalent à la surface des plateaux leurs graviers ou leurs limons, ne sauraient être confondues avec les dépôts meubles sur les pentes, formés de sable calcaire et que nous allons étudier spécialement.

Parfois, entre le bajocien et la grande oolithe, on observe un facies fréquent du côté de Langres et de Chaumont, analogue à celui de la Lorraine. Dans la Haute-Marne, des calcaires sableux et des sables forment la base du bathonien. Ils sont surmontés de marnes et de calcaires en plaquettes à *O. acuminata* et *Ph. Vezelayi*. Puis viennent des calcaires jaunes pisolithiques, peu consistants, sur 40 m. et enfin les premiers bancs poreux et gélifs de la grande oolithe.

En Lorraine, la succession des couches se rapproche plus du facies général de la Côte-d'Or. Sur les calcaires bajociens s'étalent les argiles du Fullers earth mêlées de sable (10 m.). Puis un calcaire jaune avec oolithes oblongues et irrégulières sur 12 à 30 m. Enfin des marnes et des rocailles oolithiques.

Il semble néanmoins que les dépôts sableux qui masquent ici les premières assises du bathonien depuis l'argile à *O. acuminata* jusqu'aux calcaires marneux à *Pholadomies* inclusivement,

sont confinés à l'état de poches dans les plis de terrain, principalement sur les verants Est et ne peuvent être assimilés aux
couches uniformes et continues de l'étage bathonien.

Nous concluerons donc à une origne détritique. Ils se rencontrent au pied des escarpements calcaires et particulièrement sur les marnes du bathonien inférieur. Ils sont constitués
par de petits éléments anguleux provenant des assises qui les
surmontent ou les surmontaient et plus ou moins mêlés à une
argile rouge ferrugineuse. L'abondance de CaO accuse la plupart
du temps une provenance oolithique. On les exploite comme
sable. Le fait de la prédominance des dépôts orientaux pourrait
être d'une indication précieuse pour reconstituer le relief médiojurassique, le régime de ses mers et expliquer l'érosion de leurs
dépôts. Quoi qu'il en soit, il est difficile d'assigner une date assez
précise à la formation de ces sables calcaires, formation qu'ex-
pliquent également plusieurs hypothèses : celle du charriage et
du dépôt par des courants marins ne semble pas dépourvue de
vraisemblance.

Les sables sont parfois agglutinés par un ciment tufacé déposé
par les eaux calcaires des sources qui émergent des terrains
sous-jacents. On est alors en présence d'une roche poreuse
comme une éponge grossière, extrêmement dure, où chaque
gravier apparaît distinctement uni par les arêtes. Cette roche
semble de nature sensiblement dolomitique. Les éléments magnésiens du Forest-marble n'y sont probablement pas étrangers.
L'eau dut agir par dissolution en enlevant les particules calcaires tendres et argileuses du dépôt sableux primitif.

A ces dépôts se rattachent les tufs calcaires fréquents autour
des sources des marnes à *O. acuminata* et de la base du
calcaire à entroques, calcaires poreux, légers, durcissant à
l'air et employés pour la confection des voûtes. Leur faune
accuse des types relativement récents : *Cyclostomes, Limnées,
Paludines, Helix, Planorbes,* etc. Ils sont nettement localisés
et peu étendus.

Modifiant à peine la classification de Lapparent, nous aurons le tableau suivant pour les différents étages :

Alluvions
{
4. Tufs calcaires à *Cyclostoma elegans, Lymnea palustris.*
3. Alluvions modernes : limons argileux et sableux.
2. Alluvions anciennes : graviers.
1. Dépôts meubles et éboulis sur les pentes.
}

. . . .

Bathonien supérieur
(Cornbrash)
20 mètres
{
10. Calcaires oolithiques fissiles à *Pernostrea Pellati* et *Pentacrinus Buvignieri.*
9. Lumachelles à *Waldheimia digona, var. emarginata.*
8. Calcaires et marnes à *W. digona, var. minor.*
7. Calcaires et marnes à *Eudesia Cardium.*
}

Bathonien moyen 80 mètres
{
Calcaire sublithographique (Forest-marble » Bradfort clay) 40 mètres
{
6. Calcaire blanc à échinodermes.
5. Calcaires magnésiens (1 à 3 mètres).
}

Grande oolithe (Great oolite) 40 mètres
{
4. Oolithe blanche miliaire à *Purpura glabra* (15 m.)
3. Calcaires à *Perisphynctes arbustigerus* (25 m.).
}
}

(Calcaire marneux blanc jaunâtre)

Bathonien inférieur
(Fullers earth)
25 à 35 mètres
{
2. Calcaire à *Ph. bucardium* et *Pinna ampla* (25 mètres).
1. Marnes bleuâtres à *O. acuminata* et *T. Mandelslohi* (5 mètres).
}

Bajocien
(Inferior oolite)
40 à 70 mètres
{
4. Calcaires fissiles oolithiques à *Gervilia, O. Marshii* (8 mètres).
3. Calcaires gris à polypiers, marnes et calcaires jaunâtres à *Pecten virguliferus.*
2. Calcaires à entroques.
1. Calcaires gris ferrugineux à *Pecten personatus* et *Rhynchonella quadriplicata.*
}

<table>
<tr><td rowspan="4">Toarcien
50 mètres</td><td>4. Marnes bleues gréseuses à Cancellophycus liasicus.
(Zone à Harpoceras opalinum)</td></tr>
<tr><td>3 Marnes à Turbo subduplicatus.
(Zone à Lytoceras jurense).</td></tr>
<tr><td>2. Marnes et Calcaires gréseux ou noduleux à Turbo capitaneus, Bel. irregularis.
(Zone à Cœloceras commune).</td></tr>
<tr><td>1. Marnes à Posidonies et lumachelles à Ammonites serpentinus.
(Zone à Harpoceras falciferum).</td></tr>
</table>

Nature du sol. — Sa formation

Les terrains qui forment le territoire de Courlon peuvent se ranger en 5 groupes facilement analysables par la minéralogie et la botanique :

1. Marnes micacées, gréseuses ou argileuses (toarcien, bathonien inf. et sup.).

2. Calcaires marneux (jaunâtre du bajocien ; blanc jaunâtre du bath. inf. et de la grande oolithe ; jaunâtre confusément oolithique du bath. sup.).

3. Calcaires rocheux compacts ou oolithiques (bajocien, grande oolithe, Forest-marble, bath. sup.).

4. Sables calcaires (bath. inf. principalement).

5. Limons alluvionnaires.

Répartissant ces différents sols sur le profil de la vallée, nous avons : au fond, les marnes toarciennes mises à nu par l'érosion des calcaires sus-jacents. Puis la zone épaisse des rochers bajociens. Au-dessus de ce premier abrupt, la pente reprend bientôt plus douce avec les marnes argileuses bleuâtres du bathonien inférieur. Puis l'argile jaunit, se charge de calcaire à mesure que l'on monte pour former le calcaire marneux blanc jaunâtre et dans un second abrupt l'oolithe miliaire se manifeste supportant les bancs escarpés et fissurés du calcaire sublithographique. Plus rarement le plateau est couronné par le bathonien supérieur avec ses trois niveaux marneux et sa dalle oolithique.

Grâce aux failles et aux accidents de terrain, le Fullers earth peut aussi bien se dessiner sur la surface arrondie d'un plateau que former avec la grande oolithe le fond d'une vallée à côté du dernier étage du lias.

Dans la formation d'un sol deux phases sont à considérer : la sédimentation et l'érosion. Nous avons vu dans quel ordre les sédiments s'étaient accumulés. Nous allons examiner le mécanisme probable de chaque phase.

Les marnes toarciennes qui formèrent le fond de la mer médiojurassique se sont déposées d'une manière régulière affectant à la base un aspect schisteux qu'elles obtinrent par métamorphisme sous l'influence de la pression considérable des couches supérieures. Les éléments se déposant par ordre de densité, la silice devint de plus en plus abondante donnant à la fin de véritables grès. Elle influa sur la composition des bancs calcaires qui se déposèrent dans l'intervalle et dont la nature gréseuse apparaît nettement. L'abondance du fer est remarquable dans tout l'étage. C'est lui qui donna ces couches noduleuses rougeâtres équivalant à l'oolithe ferrugineuse.

Les calcaires rocheux se sont formés soit par précipitation de CO'Ca dissous, en particulier les calcaires marmoréens ou cristallins, soit par agglutination de particules calcaires semées de millions de petits animaux, tels qu'*encrines,* etc., soit enfin par l'intermédiaire des coraux et de la vie organique. C'est par ces voies diverses que se sont édifiés les récifs bajociens sur le fond argileux, à peine ondulé de la mer liasique. Mais la part des coraux semble avoir été prépondérante. Nous avons vu en effet que leur présence dans cette contrée géologique était favorisée par une mer profonde et calme. Ces coraux se seraient établis par massifs séparés, laissant de larges vides entre leurs parois abruptes, vides qu'auraient comblés peu à peu des matériaux moins résistants, plus ou moins marneux.

Puis vinrent des marnes argileuses où pullulèrent mille espèces de mollusques et, de plus en plus caractérisé, apparut le calcaire marneux blanc jaunâtre. Il est formé de bancs de pierres calcaires irrégulières, pouvant atteindre plusieurs livres, qui se seraient déposées dans un bain argilo-marneux formant ciment. Ces bancs forment dans le bathonien un agrégat très résistant, qui, du fait de l'orientation des éléments, offre peu de prise aux instruments aratoires. La théorie suivante semble expliquer cette formation : pendant la lente sédimentation argilo-marneuse, CO^3Ca se précipitait et se déposait autour de noyaux prédisposés à cet effet. Telle nous semble avoir dû s'effectuer la sédimentation médiojurassique analogue à celle qui lui succédera dans le crétacé avec les silex de la craie.

Après le calcaire marneux, l'activité organique se manifesta puissamment par les bancs calcaires oolithiques inférieurs aux roches compactes qui demeurent l'assise résistante par excellence du bathonien. Sans fait particulier la sédimentation argilo-calcaire se manifesta à nouveau et encore une fois fut recouverte des dalles oolithiques.

Trois fois de suite la sédimentation oolithique se renouvela donc d'une façon marquée ; mais jamais elle ne s'éteignit complètement dans les intervalles.

Pendant et après l'établissement du nouvel état de choses, probablement entre le *crétacé supérieur* et l'*oligocène*, des failles se produisirent qui bouleversèrent la régularité des assises, mettant par exemple l'oolithe au niveau du lias supérieur. Or, à la surface du nouveau continent où n'a pas passé d'autre mer, ces cassures de l'écorce terrestre rompirent l'uniformité des horizons, produisant des accidents de terrain, pentes, creux, réceptacles indiqués pour la direction des eaux de ruissellement.

Après le retrait de la mer, utilisant les lignes générales indiquées, soit par les failles, soit surtout par les vallonnements marins des formations coralliaires, les eaux de ruissellement et d'infiltration commencèrent leur lent travail destructeur. Le Cornbrash et le Forest marble, ce dernier rendu gélif par ses grosses oolithes, furent les premiers atteints. La gelée attaqua ensuite l'oolithe miliaire ; la pluie finit de la désagréger. Les eaux chargées de CO_2, dissolvèrent CO_3Ca et garnirent plus loin de concrétions les rochers du bajocien. Les terres marneuses furent entraînées peu à peu, laissant dans le bathonien les pierrailles qu'il renfermait ; d'où l'origine de ces sols extraordinairement cailouteux. Tous les matériaux ainsi enlevés aux sommets et aux pentes indécises gagnaient le fond des vallées pour grossir ceux que charriait déjà le lit des rivières primitives. A mesure qu'ils disparaissaient, les assises rocheuses des récifs coralligènes du bajocien apparurent et se dégagèrent peu à peu sur la pente doucement arrondie, dont ils retardèrent l'érosion. Est-ce à dire que les vallons marquent la limite des massifs coralliaires ? Il est logique de supposer qu'ils se laissent à peine soupçonner et que, pour contempler leur dédale, il faudrait terminer les amorces des petits vallons secondaires qui entament les plateaux. Il serait en effet bien invraisemblable que l'érosion pluviale et gélive eût dessiné ces méandres réguliers dans une roche renommée pour sa dureté. Eût-elle également suffi à forer dans le cœur même de la montagne ces fissures et ces cavernes qui rappellent en petit celles des Causses.

Mais les eaux pluviales ne furent pas le seul agent d'érosion. Un fait remarquable permet au contraire de supposer l'existence momentanée de glaciers à un âge relativement récent. Dans les parois rocheuses qui dominent les vallées, se remarquent parfois des trous verticaux, cylindriques, profonds de plusieurs mètres, forés, à n'en pas douter, suivant le même principe que les moulins de glacier dans les Alpes. Une partie des parois seulement subsiste ; ils n'ont pas de fond, et ne semblent pouvoir être attribués au travail des premiers habitants. Le rôle de cette période glaciaire fut très probablement de nettoyer le sol aussi bien sur les pentes que dans les vallons, écoulant des limons boueux vers le Sud. Les glaces laissèrent des champs de pierres, des dalles à nu, et, dans les bas-fonds, des amas de terres profondes, comme en témoignent les dépôts d'alluvions qui apparaissent à moins de 4 kilomètres de Courlon et se perpétuent vers la Saône. Le rôle de l'eau et de la glace fut donc éminemment destructeur et édificateur.

Ces deux phases, sédimentation et érosion, eurent pour effet de recouvrir le sous-sol constitué par chaque formation d'une couche plus malléable, généralement différente par une constitution chimique plus complète. Elle est universellement marneuse, plus ou moins argileuse ou calcaire, plus ou moins humifère. Parfois le sol est rocheux ou sableux (calcaire). Les sols humifères se rencontrent dans les vallons ou sur le bathonien inférieur. Mais si la sédimentation a surtout contribué à l'établissement du sous-sol, l'érosion ancienne n'a pu suffire à former le sol. Outre l'œuvre des marées, du froid et de la chaleur, des eaux, des torrents, des glaciers, des transformations chimiques principalement sur CO_2, O et Fe, il faut tenir compte de l'érosion actuelle, de la végétation et du travail de l'homme pour comprendre le sol tel qu'il se présente actuellement à nos yeux.

Les eaux de ruissellement aidées des eaux pluviales entraînent le sable et les particules marneuses et calcaires dissoutes, charriant des graviers, favorisant le glissement des pierres de plus forte dimension vers le fond de la vallée où l'épaisseur de la couche arable augmente insensiblement. A cette érosion minuscule, si on la compare à celle qu'à dû jadis subir cette contrée, deux obstacles s'opposent, d'abord la muraille calcaire qui couronne la vallée, puis les bois qui s'étendent régulièrement à flanc de coteau et parfois couvrent entièrement le plateau. La dureté des rochers à entroques ou polypiers se manifeste quand ils sont recouverts de la dalle oolithique. Celle-ci s'effrite et des éboulis apparaissent à côté d'énormes piliers ruiniformes ajourés par la perte des matériaux moins durs qui remplissaient leurs cavités.

Les rochers à entroques ou l'oolithe donnent des terres argileuses rougeâtres caractéristiques, le calcaire ayant été dissous et enlevé par les eaux chargées de CO_2. Fe en forte proportion on fait des terres chaudes et fertiles.

La végétation a toujours profité de l'humidité des argiles au fond des vallées, ce qui a produit un sol assez humifère. Sur les plateaux, c'est par traînées nettement localisées qu'apparaissent les terres noires, marque évidente de végétations disparues. D'autre part, pendant des siècles, la région fut recouverte de forêts immenses, dont subsistent encore de remarquables échantillons. Dans certaines combes étroites, froides, encaissées, le bois recouvre un sol extraordinairement profond, noir comme de la houille.

Remarquons encore que les vallées et les versants ont toujours profité par leur position des nitrates que leur amenaient les eaux de ruissellement et par suite leur végétation a dû se développer considérablement quand ces eaux se trouvaient momentanément arrêtées par des poches, des plis de terrain à sous-sol argileux.

Enfin, les travaux agricoles, l'apport des engrais, si minime fut-il, a conservé le sol meuble, productif et a joué un certain rôle dans son histoire. Ce rôle fut-il toujours des plus heureux, il est permis d'en douter. Il y a un siècle et plus, on défricha beaucoup de bois qui lentement augmentaient l'épaisseur de la couche arable. On enleva, il est vrai, les grosses pierres qui parsemaient les champs. Mais souvent le sol n'était pas assez profond. Les uns laissèrent la forêt reprendre l'espace conquis, les autres s'acharnèrent à faire produire au sol un effort qui l'appauvrit.

Nous allons maintenant étudier les aptitudes et les caractères du sol et du sous-sol, leurs principes fertilisants, leur degré de fertilité et la flore caractéristique des terrains.

Aptitudes physiques

Le sol servant de soutien aux racines, étant un milieu nutritif, un milieu de fermentation et un réservoir de chaleur et d'humidité, nous l'étudierons donc au point de vue de l'hygrométrie, de la capacité calorifique, de la compacité, de la ténacité et de la profondeur.

Le degré hygrométrique d'une terre varie avec son pouvoir absorbant. Une terre humifère peut absorber 190 °/₀ d'eau, une terre calcaire fine 85 °/₀ et une terre argileuse 70 °/₀.

L'humidité est maxima dans les argiles, car celles-ci retiennent le mieux l'eau. Néanmoins, comme les terrains tourbeux, elles se dessèchent vite à la chaleur. Les terres argilo-calcaires ou marneuses gardent une moyenne plus fixe.

Les argiles et les marnes toarciennes maintiennent la fraîcheur dans le sol profond des vallées. Elles reçoivent toutes les eaux des plateaux bajociens fissurés et caverneux et toutes celles que n'ont pas arrêté les argiles à O. acuminata. Elles profitent en outre des cours d'eau et des rosées matinales plus longues que sur les plateaux. Ceux du bajocien et du bathonien moyen se dessèchent facilement à cause de la grande perméabilité de l'oolithe et des calcaires à polypiers. Quant au bathonien supérieur, ses niveaux marneux lui laissent une certaine fraîcheur. Les sables du bathonien inférieur sont excessivement perméables, mais ils protègent l'argile, et leur état de division leur permet d'aspirer l'eau par capillarité. Les marnes du Fullers earth donnent parfois des terres de plateau marécageuses, quand l'écoulement est difficile. Elles sont longues à se dessécher, recevant beaucoup d'eau.

Bien des causes peuvent modifier l'état d'humidité d'un sol, entr'autres la végétation dont il est recouvert et sa position plus ou moins abritée sur un versant. Le sous-sol en reste dans tous les cas le facteur principal.

L'absorption calorifique de la terre varie avec son état hygrométrique, sa nature, sa couleur. Ce sont les terres noires, rouges ou brunes qui absorbent le mieux et réfléchissent le moins la chaleur. Elles sont les plus chaudes, par opposition aux terres blanches oolithiques. La capacité calorifique, par rapport au sable calcaire auquel on aurait donné 100 pour unité, serait de 73 pour l'argile sableuse, 71 pour l'argile grasse, 62 pour le calcaire argileux fin, 49 pour l'humus. Le sable calcaire met 2 fois plus de temps que l'humus à se refroidir, l'argile marneuse 1 fois $\frac{1}{2}$ et le calcaire argileux 1 fois $\frac{1}{4}$. D'autre part, par suite de l'évaporation, une terre restera d'autant plus froide qu'elle sera plus humide.

La consistance des terres est maxima avec l'argile, 12 fois moindre avec l'humus compact, 20 fois avec la terre calcaire fine, nulle avec le sable. Pour l'adhérence aux instruments, l'argile a la priorité, puis la terre marneuse ordinaire, la terre calcaire fine, l'humus et le sable. Sauf sur le toarcien et les affleurements du Fullers earth, les terres sont légères, marno-calcaires.

Le Cornbrash donne des terres profondes quand les marnes de la base y dominent, rocheuses à la partie supérieure. La profondeur est nulle sur les plateaux bathoniens formés de calcaire sublithographique, sauf dans les poches et les fissures où a pu s'accumuler une terre argileuse rougeâtre, provenant de la décomposition de ces roches ; encore ces terres sont-elles extrêmement pierreuses. Sur les calcaires marneux, la terre végétale s'étale sur une épaisseur de 0^m 10 à 0^m 40 avec des rocailles de dimensions très variables. Il n'y a guère de différence entre leur sous-sol et la roche au point de vue aratoire. L'oolithe miliaire, se désagrégeant facilement, donne des sols plus profonds et plus meubles. Les sables calcaires, profonds de plusieurs mètres, offrent une couche arable de 0^m 10 à 0^m 30. Les sols des vallons sont marneux, limoneux et d'une profondeur de 0^m 40 à 1 mètre. Néanmoins, percent de temps en temps, au milieu des débris pierreux, des têtes de rochers enfouis par des phénomènes d'érosion d'une force incompréhensible. Quoi qu'il en soit, la profondeur sur les versants varie avec la pente et la surface ondulée de la couche géologique formant sous-sol.

Principes fertilisants. — Leur source

Les principes constitutifs de la plante sont au nombre de 15 : C, H, O, Az, S, P, K, Ca, Si, Na, Fe, Mg, Cl, Mn, Al. Tous se rencontrent dans le sol en plus ou moins grande quantité. Nous ne parlerons pas de O et H, fournis par l'eau ou l'atmosphère, de C dont l'abondance en tout milieu exempte de recherches, pas plus que de Mn et Al très abondants, mais dont la nécessité pour les plantes n'est pas démontrée. Nous n'avons à nous occuper que de Az humique et nitrique, S, P, Si, Cl et, pour les bases, de K^2O, Na^2O, CaO, MgO, Fe, sous ses divers états.

Az existe dans tous les sols à l'état libre et constitue l'humus en grande partie. Par transformation, il donne l'Az nitrique dont la production varie suivant les conditions d'aération et d'humidité du sol.

S se trouve également partout à l'état de sulfures, SO^4Ca, ou sulfates alcalins des argiles.

P qui existe principalement à l'état de $(P^2O)^2 Ca^3$ provient surtout des restes de la faune et de la flore géologiques et des minimes parties apportées dans la sédimentation.

Si est abondant à l'état de SiO^2 dans les grès et calcaires gréseux du toarcien, dans les marnes et argiles qui se succèdent jusqu'au bathonien supérieur. Elle provient des silicates de Ca, Na, K, Al, éléments des argiles et des marnes. On en trouve également dans les rognons de silex qui se sont formés à différents étages.

Cl existe en petite quantité dans presque tous les terrains.

K^2O provient initialement des roches ignées, particulièrement des feldspaths. Les roches qui en dérivent, comme les argiles, seront donc riches en cet élément qui existe à l'état de sulfate, silicate, carbonate, etc.

Na^2O se conduit comme K^2O; leur provenance et leur abondance sont solidaires.

CaO provient également des calcaires où on le trouve à l'état de CO^3Ca amorphe, cristallin ou cristallisé. SO^4Ca et $(PO^4)^2Ca^3$ se forment à ses dépens. Les calcaires sont solubles depuis les roches compactes jusqu'aux calcaires oolithiques facilement désagrégeables.

MgO existe à l'état de CO^3Mg dans les roches dolomitiques reconnaissables à leur teinte rosée, dans les bancs du médio-jurassique.

Fe est très répandu, tantôt à l'état de masses de FeS dans les calcaires inférieurs du bajocien, tantôt en rognons de CO^3Fe dans le toarcien moyen, presque partout à l'état de Fe^2O^3 dans les roches calcaires, les marnes et argiles dont la couleur rougeâtre est caractéristique. Son rôle est important dans la fixation des phosphates solubles et des alcalis.

Les bases multiples qui concourent à la formation des silicates sont saturées par CO^2 pour former des carbonates. Les sels sont entraînés par les eaux et il reste l'argile. C'est ainsi que se sont formés les dépôts toarciens. Plus haut, mêlés à la silice très abondante, les calcaires formés se déposèrent au milieu de l'argile, conjointement avec CO^3Fe auquel on peut attribuer la même origine. Au sommet du toarcien SiO^2 s'agglutine en un grès résistant riche en Fe^2O^3, le fer s'étant oxydé à la surface plus facilement.

Les calcaires du bajocien sont dus à l'activité organique. L'abondance de CO^3Ca en suspension favorisa la multiplication des coraux et des mollusques. La même théorie de la formation des argiles peut s'appliquer aux marnes supérieures qui passent du bleu au rouge à mesure que s'accentue la précipitation de

Fe^2O^3. Ensuite, à la hauteur du Forest marble, des calcaires se formèrent par précipitation de CaO au moyen de CO^2 et MgO s'y adjoignit pour un temps, donnant des assises dolomitiques. Aucun de ces calcaires n'est pur. Tous sont plus ou moins mélangés d'argile et de peroxyde de fer. Des silex formés par précipitation apparurent par l'effet des sources chargées de la silice dissoute des étages inférieurs qui jaillirent au sommet du bajocien et dans le bathonien supérieur.

Nous avons vu plus haut comment les débris d'érosion conservés à l'état de sables calcaires ont subi un phénomène de métamorphisme au voisinage de certaines sources pour donner des roches poreuses et tufacées. Signalons encore à propos du CO^3Ca l'œuvre de l'eau chargée de CO^2 qui déposa sur les parois des fissures intérieures des stalactites de calcite blanc jaunâtre, couleur due à Fe^2O^3.

Le pouvoir absorbant des terres vis-à-vis des principes fertilisants varie avec leur nature:

L'humus absorbe AzH^3 en quantité importante à l'état libre et retient les sels de AzH^4 formés par l'intermédiaire du calcaire.

K^2O est retenu beaucoup plus que Na^2O en n'importe quelle terre surtout en terre calcaire, marneuse et argileuse. La nature de l'acide du sel fait varier le degré d'absorption.

Les carbonates sont retenus deux fois plus que les sulfates.

Les phosphates solubles sont mal retenus par les sols sablonneux, mieux par les sols argileux, beaucoup par les sols calcaires et encore plus par les sols marneux. Cette absorption est facilitée par les transformations subies par les phosphates solubles au contact de CO^3Ca, Al^2O^3, Fe^2O^3. Les terrains tourbeux agissent rapidement, mais par simple pouvoir absorbant.

Les nitrates et les chlorures, sels très solubles, ne sont pas retenus par le sol.

CaO circule dissoute dans l'eau chargée de CO^2 et se fixe quand le bicarbonate passe, au contact de l'air, à l'état de carbonate.

Richesse et fécondité de chaque sol

En résumé, le toarcien donne des terres argileuses, argilo-calcaires et gréseuses. Les roches dominantes sont l'argile, le sable, le grès, le calcaire. Le fer partout et P^2O^5 à la base sont abondants. Ce sont des terres fortes, fraîches et profondes, dans lesquelles on peut faire de la culture intensive et où les rendements sont très satisfaisants.

Le bajocien donne des terres fertiles, rendues souvent assez humides par les affleurements argileux du bathonien inférieur. La roche est crayeuse. Le sol est marno-calcaire, de moyenne consistance.

Le bathonien inférieur est argilo-marneux, assez humide ou calcaro-marneux beaucoup plus sec ; ses terres sont fortes. L'acide phosphorique des moules fossiles est en quantité appréciable.

Le bathonien moyen donne généralement des plateaux secs impropres à la culture. Sur l'oolithe le sol est plutôt léger ; on se trouve en présence de calcaires oolithiques et marneux, jaunes ou rougeâtres. La terre végétale du Forest marble est rare et fort humifère.

Le bathonien supérieur donne les meilleures terres par ses marnes et ses calcaires bréchiformes.

Les sables calcaires donnent des terres légères, assez fraîches quand elles ne sont pas trop loin des argiles du Fullers earth, mais plus souvent stériles.

Les alluvions donnent des terres argilo-calcaires, généralement fertiles, sauf quand les sables calcaires ou les graviers s'y sont déposés.

Flore et Faune

Pour chaque sol, des plantes poussent spontanément, qui permettent de le caractériser d'une manière aussi sûre et moins coûteuse que l'analyse chimique. A chacun convient également une espèce de culture.

Sur les sols argilo-calcaires et marno-argileux des vallées, se remarquent avec les bonnes graminées des prairies naturelles (agrostis traçante, houque laineuse, ray-grass, dactyle, etc.), la colchique, le lotier corniculé, le pissenlit, la pâquerette, les leucanthèmes, le cerfeuil doré, la carotte sauvage, les renoncules, l'ancolie, la cardamine des prés, les trèfles blanc ou violet et enfin le sureau hièble, indice certain d'une bonne terre.

Sur les sols calcaires ou marno-calcaires, l'anthyllis vulnéraire, la moutarde sauvage, l'arrête-bœuf, le réséda sauvage, la germandrée, l'anémone pulsatile, les hélianthèmes, les globulaires, certains cirses (*C. odontolepis*), le panicaut champêtre, le brôme des prés, les brizes, la fétuque ovine, la pimprenelle, l'euphraise.

Sur les sols très riches en humus : des scirpes, carex (laiches), joncs, prêles, menthe aquatique, poivre d'eau, lentille d'eau, plantain d'eau, cresson, iris.

Sur les premiers, toujours plus ou moins alluvionnaires, peuvent se faire les cultures épuisantes, betteraves, céréales. Souvent le meilleur emploi est la prairie naturelle. La pomme de terre est reléguée surtout sur les secondes avec certaines céréales. Quant aux troisièmes, ils ne s'étendent pas sur des espaces importants d'une manière exclusive. L'humus trop abondant n'est qu'un défaut du sol mal drainé. Il cache des sols riches qu'un peu de soin doit rendre très fertiles.

La végétation forestière est cantonnée aux calcaires et aux marnes. Les essences principales sont : le pin d'Écosse, le pin noir d'Autriche, le pin Sylvestre, le sapin, le mélèze, l'érable, le chêne, le hêtre, le frêne, l'orme, le sorbier, le poirier sauvage, le noyer. Le peuplier et le saule se limitent aux sols humides, le bouleau aux sols très marécageux du Fullers earth.

Les arbustes des terrains calcaires sont: le génévrier, le noisetier, l'acacia, le faux ébénier, l'épine, l'aubépine, le buis.

La clématite et la ronce aiment les terres argileuses, le fusain les sols humifères, l'osier les sols frais.

Pour la flore cultivée, le bathonien offre trois zones végétales : la 1° (bath. sup.) donne des terres à céréales ; la 2° (bath. moyen) des bois ou des pâturages secs pour moutons et parfois des céréales sur l'oolithe ; la 3° (bath. inf.) des terres assez fraîches pour céréales et cultures sarclées. Le bajocien rocheux ne donne le plus souvent que de maigres végétations sur les plateaux ; des bois de peu d'importance couvrent ses versants. Le lias offre des prairies humides pour les chevaux et les bœufs et permet avec les terres alluvionnaires les cultures les plus variées (houblon, racines, céréales). La vigne est cultivée dans les endroits abrités ; mais avec peu de succès à cause du climat.

La faune sauvage est la même que dans l'Est de la France. Les lapins sont très rares ; mais par contre nombreux sont les ennemis de la basse-cour : renards, fouines, belettes, putois, blaireaux, martres, auxquels les rochers bajociens offrent des retraites inexpugnables. Les animaux domestiques sont les chevaux, les bovins, les moutons, les porcs, les lapins et, comme volatiles : la poule, l'oie, le canard, le dindon, la pintade.

Spéculations agricoles. Industries. Voies de communication. Foires et marchés. Débouchés.

Il y a une vingtaine d'années, existait à Courlon, une tuilerie qui disparut lors de l'établissement du chemin de fer. Bien auparavant les progrès de la science avaient ruiné les foulons qu'alimentait également l'argile toarcienne. Chaque village de la vallée possédait autrefois un moulin qui puisait sa force motrice dans un bief établi sur les cours d'eau. Ces petites industries périclitent de plus en plus. Elles ne font maintenant que la mouture pour les animaux. Les grandes minoteries des vallées de l'Ignon et de la Tille absorbent tout le mouvement commercial et ne permettent aucune concurrence. Un moulin, réuni à une petite ferme, subsiste encore actuellement à côté de Courlon.

Les carrières de pierres sont nombreuses, surtout pour moellons. La pierre de taille est rare ou tout au moins inférieure à celle des calcaires sublithographiques de Comblanchien.

Il existe une ancienne marbrière abandonnée au commencement du siècle dernier, où l'on extrayait des calcaires blonds et saumons, à entroques, demi-cristallins, susceptibles d'un beau poli. Cette marbrière, comme les carrières de moellons, avoisine le pays.

Les scieries sont nombreuses dans la région, il y en a deux voisines, l'une de 4, l'autre de 10 km de Courlon.

A Châtillon une sucrerie et une distillerie, à 50 km.

A Tarsul (25 km), une distillerie de bois.

A Is-sur-Tille (20 km), une huilerie et deux brasseries.

A Marey (10 km), une fromagerie achetant le lait à 0ʳ09 le litre et rendant le petit lait gratuitement.

Comme moyen de transport et voies de communication : le chemin de fer, ligne de Dijon, Is-sur-Tille à Châtillon-sur-Seine et Troyes, avec embranchements sur Langres à Poinson-Bencœuvre (7 km) et Is-sur-Tille ; sur les Laumes, à Châtillon. Dijon est à 43 km. Le chef-lieu de canton, Grancey-le-Château, est à 4 km ; 8 par la grand'route, préférable. Courlon est à 3 km 1/2 en pallier de la gare Pavillon-les-Grancey et de la route départementale Dijon à Châtillon-sur-Seine.

Le réseau des chemins vicinaux est assez développé et bien entretenu.

Comme principaux débouchés, Courlon possède : pour les céréales : Dijon et Is-sur-Tille par leurs brasseries et moulins.

Pour la paille : Dijon.

Betteraves sucrières : Châtillon.

Houblon : Is-sur-Tille et Dijon, où se tient un marché.

Navette et noix : Is-sur-Tille et Dijon.

Fourrages artificiels : pas de vente ; fourrages naturels : très bas prix dans le pays (20 à 30 fr. les 1000 kg.)

Viande de boucherie : Grancey, Is-sur-Tille, Recey, Dijon ; Paris qui est à 296 km par Troyes, n'est pas employé. Les laines sont vendues à Dijon.

Les animaux d'élevage sont assez rares et se vendent généralement dans le pays.

Les volailles, légumes, lapins sont écoulés sur Dijon ; mais le trafic en est peu important.

Le lait est vendu aux laiteries, beurreries, fromageries de Marey ou Dijon. Le beurre et les œufs sont assez recherchés.

Les grandes foires ont lieu à Dijon, Châtillon, Is-sur-Tille, Mirebeau et en Auxois. Il y en a plusieurs de moindre importance à Grancey et dans les environs. A Dijon se tiennent les marchés aux grains, aux laines et aux houblons.

Cette série de débouchés est inutilisée la plupart du temps, car des entremetteurs passent dans le pays, payant généralement à prix raisonnable les céréales et les animaux. Ceci supprime bien des frais de transport et des ennuis et permet souvent de réaliser des bénéfices sur des spéculations qui deviendraient onéreuses par ailleurs.

Habitudes et mœurs locales. — Main-d'œuvre

Le pays est assez riche de son fonds, aussi l'habitant est laborieux sans excès, routinier, travaille pour vivre sans trop de privations, mais sait rarement économiser. L'expansion des alcools et la multiplication des cabarets n'a fait que favoriser le penchant naturel au laisser-aller et de petites misères naissent de temps à autre, provoquées par l'usage immodéré des boissons alcooliques.

De bonne constitution, hospitalier, obligeant, le paysan bourguignon reste le même qu'autrefois tant que l'odieuse politique n'est pas venue lui tourner la tête. Alors, comme partout, se laissant prendre aux phrases creuses des démagogues qui le grugent, l'ouvrier agricole, le petit propriétaire qui a peiné une mauvaise année, rêve d'une existence dorée et la ville, la grande séductrice, le fascinera jusqu'à ce qu'elle l'absorbe, lui ou ses enfants.

Il y a comme un besoin intense dans l'âme de beaucoup de changer de travail, trouvant sans doute celui de la terre trop rude et trop ingrat.

La propriété est très morcelée. Là, le mot hectare a une signification qu'il n'a pas dans les contrées de grande culture. On rencontre des fermes de 15 à 16 hectares contenant des champs de 1/2 journal ou 1/6 d'hectare. Le petit propriétaire, au lieu de tendre à grossir son épargne, l'utilisera pour marier sa fille à la ville, placer dans quelque train de commerce un fils qu'il verra partir sans regret, sans songer que c'est la mort de son modeste domaine.

Mais ce qu'il désirera par-dessus tout, ce sera quelque place de facteur ou analogue, que lui procurera souvent un bohème politique — mais peu importe — où il terminera sa vie sans trop de peine ni d'effort, ayant son labeur quotidien marqué, une petite retraite assurée, avec un tantinet de vanité à penser qu'il possède un titre, fût-ce celui de cantonnier.

La ville, qu'ils connaissent d'abord par le service militaire, le chemin de fer et l'usine par l'ouvrier, la route par le cantonnier, la poste par le facteur, l'école laïque par l'instituteur, enlèvent à l'agriculture une foule de bras dont elle aurait grand besoin. La conséquence naturelle et immédiate de cette fièvre d'émigration se traduit par la rareté de la main-d'œuvre, la difficulté de son choix et de son renouvellement.

Un premier charretier touche 5 à 600 francs et nourri.
Les autres, 4 à 500 francs.

Les filles de ferme, 240 à 300 francs.

Un berger du pays, enfant ou vieille femme, 15 à 20 francs par mois et nourri.

Un enfant pour les bêtes à cornes, autant.

Mais tout cela peut varier suivant l'âge, le lieu et les conditions.

Pour les ouvriers, la journée varie de 1 franc en hiver à 2 fr. 50 en été. La nourriture est due en sus, de par l'usage. Pour les femmes, 1 fr. toute l'année en moyenne, nourriture non comprise.

Pour la moisson, le tâcheron touche — sans être nourri — 10 à 12 francs du journal (34ᵃ 28) prêt à charger. Or, le journal ainsi entendu est double, un de blé et un d'avoine. Au détail, le journal de blé prêt à charger vaudrait 7 à 8 francs, celui d'avoine 3 à 5 francs ; mais les deux en moyenne 10 ou 11 francs. Pour la moisson courante, un homme touche 80 à 110 francs, quelle que soit la durée ; une femme 45 à 55 francs, la nourriture en sus.

On a souvent intérêt à nourrir ses ouvriers ; les provisions de la ferme, œufs, lait, beurre, fromage, porc, lapins, forment le fond de l'alimentation. Si on a affaire à des gens difficiles, mieux vaut les laisser se nourrir de leur côté. Il n'y a pas de règle fixe de conduite à tenir ; mais, en le nourrissant, on a davantage le personnel sous la main. Cela supprime bien des heures perdues à boire au cabaret et les retards chez les amis pour prendre le café et ce qui s'ensuit. En outre, les ouvriers nourris peuvent rendre des services le soir et la nuit. Les autres laissent le patron se débrouiller avec tous les accidents possibles. Nous avons énuméré quelques prix de main-d'œuvre ; inutile d'insister sur sa valeur si variable et malheureusement trop souvent inférieure.

Bref, la main-d'œuvre devient de plus en plus rare. On y remédie en partie par l'usage des machines. Encore faut-il avoir des étendues de cultures suffisantes pour que l'emploi n'en devienne pas trop onéreux et trouver des ouvriers pour les conduire.

DEUXIÈME PARTIE

L'EXPLOITATION

CHAPITRE Ier

Les Terres

Les terres affectées à l'exploitation s'étendent sur une super-
ficie de 143 h. 34 a. 29 c., ainsi répartis :

Terres labourables	121 h.	36 a.	33 c.
Prés	19	07	26
Friches	1	45	70
Bâtiments, cours, jardins . . .	1	45	»»
	143 h.	34 a.	29 c.

La propriété est très morcelée. A part quelques pièces de
5 ou 6 h., la généralité ne dépasse pas un hectare ou un journal
(1/3 h.). La distance des parcelles est des plus variables.

Une partie des terres situées dans la vallée est à proximité
des fermes, le reste s'étend jusqu'à 3 et 4 kilomètres. De fortes
côtes retardent l'accès des plateaux.

D'après ce que nous avons déjà vu sur la topographie de la contrée, les terres jouissent des orientations les plus diverses. Nous pouvons considérer quatre catégories de terres à ce sujet : les terres de vallées, abritées du Nord, mais ouvertes aux vents d'Ouest et du Sud-Est ; les terres des plateaux que l'on peut confondre avec celles des versants exposés directement au Nord ou au Sud. suivant qu'ils sont à droite ou à gauche de la vallée.

La nature des terres embrasse toutes les séries entrevues dans l'étude géologique. Le toarcien ne donne que des terres de vallée, argileuses ou marneuses ; le bajocien et le calcaire sublithographique du bath. moyen forment le fond de quelques combes profondes et de basse altitude. La grande oolithe remplit le reste du vallon, jusqu'à l'apparition des alluvions modernes vers la station de Pavillon. L'allure générale des terres de vallée est marneuse. D'ailleurs la nature de leur formation est assez indifférente en ce sens qu'on se trouve en présence de terres assez profondes, assez fraîches et assez homogènes pour être soumises au même mode de culture.

Les terres des versants appartenant au bajocien sont généralement peu profondes et employées au pâturage des moutons. Leur fertilité naturelle est contrebalancée par leur sécheresse. Les sols du bathonien inférieur et de la grande oolithe sont plus frais, plus profonds et partant, donnent les terres les meilleures après celles de la vallée et du bath. supérieur.

Les plateaux sont constitués par le bath. inférieur, principalement à gauche de la vallée, ou par le bath. moyen et supérieur, à droite.

Répartition entre 3 fermes

Jadis l'exploitation des terres était faite par deux fermes d'importance égale, situées dans la vallée, au bas du village, à 300 m. l'une de l'autre environ. Depuis un quart de siècle, on a transformé en petite ferme un moulin que la rivière actionne un peu plus bas dans la vallée. En changeant dans une certaine mesure la destination primitive de ses bâtiments, en les agrandissant, on a voulu remédier à la décrépitude dans laquelle il s'enfonçait chaque année plus avant à l'exemple de ses voisins.

La répartition actuelle des terres entre ces 3 fermes a été faite de manière peu rationnelle en ce sens qu'elles ne sont pas également favorisées sur la valeur foncière et que des champs limitrophes aux bâtiments d'une ferme ne sont pas toujours cultivés par elle.

Se basant sur la constitution du sol et la situation des différentes terres par rapport à chaque exploitation, on arriverait à supprimer bien des morcellements inutiles.

Nous considérerons quatre catégories de terres : les terres de vallée, les terres situées à gauche de la vallée sur des plateaux ou des versants Sud, les terres des versants Nord et des plateaux à droite de la vallée, et enfin, du même côté, les terres lointaines de versants ou de plateaux, d'un éloignement moyen de 3 à 5 kilomètres. La première catégorie renferme évidemment quelques hectares de terres éloignées ; mais, outre que leur presque totalité est constituée par des prairies naturelles, elles sont desservies par de bonnes routes. On accède aux champs des autres catégories par des chemins très montueux, souvent difficiles.

Voici une liste des 4 catégories avec l'étendue respective de chaque formation géologique et une appréciation sur la fertilité résultant de la profondeur du sol ; en regard, la partie attribuée à chaque ferme :

Terres de vallée (71 h. 83 a. 40 c.)	Bonnes terres labourables (52 h. 76 a. 14 c.)	Toarcien 39 h. 92 a. 31 c.	{ Ferme I 20 h. 49 a. 22 c. / Ferme II 7 h. 49 a. 81 c. / Ferme III 11 h. 03 a. 28 c. }		
		Bajocien 2 h. 31 a. 16 c.	{ Ferme I		
		G^de oolithe 9 h. 17 a. 37 c.			
		Calc. sublith. 72 a. 70 c.			
		Alluvions 62 a. 60 c.			
	Prairies naturelles (19 h. 07 a. 26 c.)	Toarcien 11 h. 55 a. 19 c.	{ Ferme II 10 h. 52 a. 67 c. }		
		G^de oolithe 7 h. 52 a. 07 c.	{ Ferme I 6 h. 17 a. 99 c. / Ferme III 5 h. 37 a. 20 c. / Ferme III 4 a. 40 c. / Ferme II 7 h. 47 a. 67 c. }		
Terres situées à droite de la vallée (17 h. 03 a. 88 c.)	Bonnes (10 h. 78 a. 70 c.)	Bath. inf. 10 h. 29 a. 40 c.	{ Ferme II }		
		G^de oolithe 49 a. 30 c.			
	Médiocres	Bajocien 6 h. 25 a. 18 c.	{ Ferme I }		
Terres situées à gauche de la vallée (29 h. 81 a. 65 c.)	Bonnes	Bath. inf. 22 h. 86 a. 56 c.	{ Ferme I 21 h. 05 a. 76 c. / Ferme II 1 h. 80 a. 80 c. }		
	Médiocres (6 h. 95 a. 00 c.)	Bajocien 5 h. 65 a. 69 c.	{ Ferme I }		
		G^de oolithe 1 h. 29 a. 40 c.			
Terres lointaines de versants ou plateaux (21 h. 74 a. 66 c.)	Bonnes (9 h. 29 a. 51 c.)	Bath. inf. 4 h. 66 a. 05 c.			
		Bath. sup. 4 h. 63 a. 46 c.			
	Médiocres (12 h. 45 a. 15 c.)	Bajocien 1 h. 25 a. 30 c.	{ Ferme I }		
		Bath. inf. (Sabler) 96 a. 30 c.			
		Calc. sublith. 10 h. 23 a. 55 c.			

140 h. 43 a. 59 c.

La ferme I dite des Noues renferme 63 h. 24 a. 40 c. ainsi répartis :

Prés 6 h. 17 a. 99. c.

Terres labourables
- de vallée — 22 h. 80 a. 38 c.
- bonnes terres de versants et plateaux — 21 05 76
- terres médiocres — 13 20 27

Les terres de vallée et les prés sont situés exclusivement en amont du village de Courlon dans la vallée principale et le vallon bajocien de Thuère.

Les bonnes terres de versants et plateaux sont entièrement situées du côté gauche de la vallée, au-dessus de la ferme ; les médiocres par moitié, de droite et de gauche. On remarquera que les terres lointaines localisées principalement dans le bathonien supérieur n'ont pas été incorporées dans cette série.

Elles sont réservées à la ferme II dite de la Tour, de façon à pouvoir, par leur étendue, faciliter un assolement en rapport avec leur nature.

Cette ferme contient donc sur 59 h. 84 a. 31 c.

Prés 7 h. 47 a. 67 c.

Terres de vallée 18 h. 42 a. 48 c.

Bonnes terres de versants et plateaux 12 h. 59 a. 50 c.

— lointaines — 9 29 51

Terres médiocres — — 12 45 25

Les prairies sont localisées au bas du vallon, dans la région de la grande oolithe, avec la majeure partie des terres de vallée.

Les bonnes terres des versants Nord et des plateaux lui ont été réservées. Les terres lointaines ont été divisées en deux classes suivant leur fond très médiocre ou satisfaisant.

La ferme III ou du Moulin, en raison de sa petite étendue et de sa situation, est entièrement située dans le toarcien, à part un lopin de pré de quelques ares dans la grande oolithe. Elle ne comprend que des terres de vallée à proximité de l'exploitation, soit :

Prés . . . . 5 h. 41 a. 60 c.
Terres labourables 11   93   28
En tout : 17 h. 34 a. 88 c.

Dans les 5 h. 1/2 de prés se trouve 1 h. de mauvaise qualité, marécageux et envahi par les laiches.

Dans cette répartition on a donc utilisé dans la mesure du possible la situation des terres de façon à restreindre le morcellement et à faciliter les assolements en attribuant à chaque ferme des régions définies.

Il est inutile d'ajouter que dans la suite tous les efforts du propriétaire devront tendre à diminuer le morcellement actuel de la propriété souvent si préjudiciable pour une culture rémunératrice.

CHAPITRE II

Bâtiments

Les 3 fermes principales sont situées au bord de la Tille, au pied du village dont la forme affecte celle d'un croissant. Le moulin est à 200 m. plus bas. C'est le seul dont l'accès ne soit pas très facile, n'étant desservi que par un chemin de traverse.

La ferme des Noues comprend :

1 maison d'habitation.

2 étables pouvant contenir 16 bêtes à cornes et 10 veaux.

1 écurie pour 9 animaux.

1 bergerie pour 110 à 120 moutons.

3 granges spacieuses.

1 manège et manutention.

1 boissier qui pourrait être transformé en étable pour 8 animaux.

1 hangar pour instruments avec plancher pour fourrages.

La ferme de la Tour :

1 maison d'habitation.

1 écurie pour 13 animaux.

1 étable pour 11 bêtes à cornes et 10 veaux.

1 bergerie double pour 120 moutons.

2 granges.

1 petit hangar.

La ferme du Moulin :

1 étable pour 13 bêtes à cornes.

1 écurie pour 8 animaux.
2 granges.
1 hangar.

Chacune comprend également un toit à porcs et quelques loges à lapins.

La disposition des bâtiments est généralement bien comprise et tous sont susceptibles d'agrandissement. Ils sont disposés à l'entour de cours plus ou moins carrées, possédant deux issues et donnant directement sur les prés. Les bâtiments sont construits en pierre, couverts en tuile, et en bon état.

Les bâtiments d'habitation sont spacieux et suffisamment confortables.

Les étables ou écuries appartiennent au système longitudinal simple ou double, tête au mur. L'écoulement des purins est défectueux dans une étable du moulin où un pavage est nécessaire.

Les bergeries sont bien conditionnées. L'aération en est facile.

Les granges et fenils n'ont pas une hauteur exagérée (7 à 10 m.). Ils sont actuellement suffisants.

Les hangars à instruments sont trop exigus, surtout dans la ferme de la Tour.

Il y aurait de grandes améliorations à apporter au logement des porcs.

Les fumières sont rudimentaires. Les fosses sont tout au plus bétonnées. Il n'y a pas de fosses à purin, malgré leur utilité incontestable.

La rivière sert d'abreuvoir étant à proximité des bâtiments.

Les jardins sont à côté des fermes et formés de bonne terre végétale.

Les clôtures sont constituées tantôt par des haies, tantôt par des murs en pierres sèches, ou par la Tille, quelquefois par des ronces artificielles. Si l'on voulait pratiquer en grand le pâturage libre, comme dans le Bourbonnais, on pourrait terminer les clôtures déjà existantes par des clôtures métalliques, qui offrent l'avantage d'être bon marché. Mais cela dépendant des besoins futurs de l'exploitation, il est difficile d'en fixer la proportion. La Tille traverse tous les prés ; comme son débit est peu important, le curage ne se fait qu'à des époques éloignées. D'autre part, la pente du sol tient lieu la plupart du temps de drainage. 1 h. de pré seulement aura besoin d'être drainé pour donner son plein rapport. On emploiera des tuyaux ou des fagots. La dépense en sera peu considérable.

Les améliorations à apporter à l'état actuel des bâtiments doivent porter sur les trois points suivants : augmentation au fur et à mesure des besoins des étables et toits à porcs ; création ou augmentation des hangars ; améliorations portant sur les fumiers et leur fabrication ainsi que sur l'écoulement des purins.

Pour les étables, la méthode la plus économique sera la construction d'appentis en basse-goutte contre les bâtiments existants. On pourrait dans les deux premières métairies loger facilement ainsi 25 bêtes à cornes de plus. Dans la troisième, 10 à 15.

Pour les porcs, la dépense sera relativement faible, la pierre étant extraite presque sur place. Le sol pavé en carreaux ou cimenté, les séparations en ciment armé donneraient à l'installation un cachet de propreté et seraient plus sains pour les animaux.

Les hangars sont en bois, de forme rudimentaire. Si plus tard leur insuffisance se faisait sentir, on ajouterait des avant-toits ou on aurait recours à l'ancien procédé économique auquel on donnerait la durée en passant les chevrons de bois blanc au *carbonyle*, et les lattes au *sulfate de cuivre*. D'autre part, si la pratique de l'ensilage était avantageuse dans l'exploitation, on suivrait l'exemple des agriculteurs du Nord en protégeant les silos par des hangars qui rempliraient ainsi un double but. La nature et la pente du terrain seraient propices à ce genre de construction.

L'amélioration la plus importante à introduire dans les trois

domaines serait l'agrandissement et la réfection des fosses
à purin. Il faudrait en même temps réparer soigneusement les
conduites déjà existantes, en installer de nouvelles, refaire
le pavage de certaines étables dans le but d'éviter les déperditions actuelles de liquide et de faire converger les eaux vers
la fosse, non vers un chemin ou la rivière.

CHAPITRE III

Mode de Jouissance

A quelques exceptions près, le mode de jouissance jusqu'alors employé dans la région est le fermage. Or, trop souvent le fermier paie mal ou ne paie pas et plus souvent encore, n'ayant pas d'avances, il n'hésite pas à épuiser la terre, réduisant les travaux et les engrais au minimum et se souciant peu de distinguer entre plantes épuisantes, plantes améliorantes, ou de suivre un ordre quelconque dans leur culture.

Il ne semble donc pas téméraire d'affirmer que le fermage est la ruine assurée à plus ou moins long terme d'une exploitation.

Le faire-valoir direct au contraire augmentera la valeur foncière, mais les revenus deviennent hypothétiques. En outre de la surveillance assidue que nécessite ce mode de jouissance, se dresse le problème de la main-d'œuvre, chaque jour plus rare, plus exigeante et aussi moins satisfaisante. Tout fait prévoir que si la crise agricole se prolonge et s'aggrave, il faudra produire à perte ou se passer d'ouvriers.

Quant à la régie, elle n'est vraiment pratique que dans les grandes exploitations où les revenus sont assez considérables. Elle offre en outre les mêmes difficultés pour la main-d'œuvre et ne garantit pas de la grève agricole, plus terrible peut-être que la grève industrielle.

Le métayage ne présente aucun des inconvénients des trois premiers modes.

Quelques mots en feront saisir les avantages.

Le propriétaire et le métayer sont deux associés. Le premier apporte la terre, les bâtiments, le cheptel, les améliorations ; le second son travail. Il doit pourvoir, avec l'aide d'auxiliaires, à tous les besoins de l'exploitation, entretien et acquisition des instruments aratoires, nourriture et entretien de sa famille, gages des domestiques.

Le propriétaire se réservant la direction de l'association, la richesse foncière de l'exploitation ne pourra décroître que par sa faute. Il assume vis-à-vis de lui-même toute responsabilité.

Le métayer étant l'associé du propriétaire aura le même intérêt que lui à la bonne culture des terres et, les bénéfices étant fournis par les produits bruts, il ne marchandera pas sa peine pour les augmenter. Il sera aidé par sa famille intéressée comme lui à une bonne gestion, et recrutera, s'il le faut, des domestiques plus facilement que le propriétaire.

Le bon métayer est donc un point d'appui merveilleux pour celui qui veut se servir de ces deux leviers si puissants, la science et l'argent.

Enfin, d'après l'expérience de l'histoire, le métayage a toujours prospéré dans les contrées où la main-d'œuvre est plus rare, les communications peu faciles, le sol peu fertile et les débouchés éloignés. Que ces trois dernières conditions soient meilleures à Courlon, cela ne peut nuire bien entendu au bon fonctionnement du métayage ; mais la première n'est malheureusement que trop vraie actuellement. Il faut ajouter que le métayage convient de préférence aux petites exploitations.

Ce mode de jouissance, avons-nous dit, est presqu'inconnu dans le plateau de Langres. On peut noter quelques essais faits dans la Haute-Saône et la Côte-d'Or et qui ont donné d'excellents résultats. Parfois le revenu par métayage ne dépasse pas celui du fermage, mais il est bien plus sûr et au moins l'exploitation n'est pas à la merci d'un fermier endetté. De plus, le Bourbonnais, pays classique du métayage, offre de grandes analogies avec le plateau de Langres. Les terres sont de qualité et de nature très variables, souvent accidentées comme les plateaux jurassiques.

Rapports entre le propriétaire et le métayer

Le propriétaire ne devra jamais perdre de vue que le colon est son associé et il agira avec plus de sagesse en employant la persuasion qu'en lui imposant brutalement sa volonté, surtout pour les innovations à introduire dans la culture. L'attention du propriétaire doit porter principalement sur le soin du bétail, le travail de la terre, les prairies et les fourrages.

Le Bail

1° *Durée.* — Les baux à court ou long terme ont chacun leurs partisans convaincus. Nous basant sur l'expérience d'agriculteurs bourbonnais, nous emploierons le bail de 1 an renouvelable chaque année par tacite reconduction, si les parties ne se donnent pas congé 3 mois à l'avance. Un bail à long terme peut offrir, en effet, l'inconvénient de maintenir en contact deux hommes qui ne s'entendront pas. Il est également préjudiciable au propriétaire dont le métayer peut être malhonnète et au métayer dont le propriétaire est incapable ou peu loyal. Au contraire, les deux parties n'étant liées que pour un an, le propriétaire aura à cœur de s'attacher son métayer et celui-ci s'efforcera de remplir consciencieusement les conditions du bail pour rester dans l'exploitation. Si l'un des associés éprouve de justes sujets de plainte vis-à-vis de l'autre, il n'aura perdu qu'une année qui ne pourra entamer considérablement la petite épargne du métayer ou nuire à la propriété. Ce sont ces baux qui durent le plus longtemps en Bourbonnais.

L'entrée du métayer dans l'exploitation se fait généralement à la Saint-Martin, le 11 novembre. A cette époque, les travaux sont terminés, les semences achevées, les fourrages et pailles rentrés, les animaux à l'étable.

2° « La direction de la culture et de l'exploitation appartiendra exclusivement au bailleur ; en conséquence, le preneur devra se conformer aux instructions du bailleur, notamment pour les ventes et achats de bétail, l'assolement des terres, la création des prairies naturelles et artificielles, et généralement toutes les opérations concernant l'exploitation et la mise en valeur du domaine ».

Le propriétaire est le banquier de l'association. Il reçoit l'argent des ventes et peut donner au métayer les acomptes qu'il jugera convenable. C'est lui qui opère le paiement des achats. Le compte du métayer est soldé chaque année. Pour éviter toute difficulté de comptabilité, il suffit d'introduire une clause conçue à peu près en ces termes (1) : « Le colon reconnaît que le propriétaire lui a remis un registre en blanc, coté et paraphé par le bailleur, et sur lequel seront inscrites les recettes et dépenses du domaine. Ce registre restera entre les mains du colon qui sera tenu de le représenter en cas de contestation sur le règlement des comptes, et faute par le colon de représenter ce registre, celui du propriétaire fera foi en justice ».

3° Jouissance par le colon en bon père de famille ; bon entretien des clôtures, haies, fossés, et des diverses parties du domaine suivant leur nature.

4° *Nombre d'hommes et de pâtres que le colon devra entretenir sur l'exploitation.* — Pour les grands domaines : 3 hommes, 2 femmes et 1 pâtre ; pour le petit : 2 hommes et 1 femme. Ces chiffres sont approximatifs et ne peuvent être fixés qu'au moment du bail, après connaissance de la famille du métayer.

5° *État des lieux ; réception du cheptel.* — Le colon est responsable des dégradations locatives et par moitié des dégradations des bâtiments d'exploitation. Cette part de responsabilité doit rendre le colon plus soigneux.

Les experts doivent constater l'état des terres ensemencées, fourrages engrangés, rigoles d'irrigation, clôtures, etc., et fixer

---

(1) Cette clause et la précédente, que nous avons choisies pour leur clarté, sont indiquées par M. Méplain, dans son *Dialogue sur le Métayage*.

le montant des réparations nécessaires, s'il y a lieu, pour mettre le domaine en bon état. Le colon sortant paie le montant de la somme au colon entrant et ce dernier devra à son tour remettre le domaine en bon état. Le cheptel est estimé. La plus-value ou la perte est attribuée par moitié au colon sortant et payée en argent ou nature. Les animaux tarés, estropiés, ne doivent pas être compris dans l'estimation. Le propriétaire et le colon sortant sont considérés comme vendeurs vis-à-vis du colon entrant. La part du propriétaire restant la même, les deux colons sont les seuls intéressés et le propriétaire se désintéresse généralement du débat (1).

6° Il est d'usage de faire payer au colon un droit d'habitation ou droit de cour ou impôt colonique qui permettra au propriétaire d'entretenir les bâtiments en bon état. Il est variable avec l'état du domaine, la facilité de l'exploitation, les bâtiments et le jardin. Il est de l'intérêt du propriétaire de ne pas l'établir trop élevé. Il serait à Courlon de 350 et de 150 fr. suivant les métairies, moindre s'il le faut la première année. Point de redevances en nature. Le paiement du coût du bail doit être attribué au métayer.

7° Si les métayers réclament des constructions et que le pro-

---

(1) *Cheptel de fonds.* — Lors de l'inventaire du cheptel, la part appartenant au métayer devrait régulièrement atteindre la moitié de l'estimation totale. C'est ici qu'intervient la question du *cheptel de fonds* ou *cheptel de fer.* Lors de l'entrée d'un métayer, peu se trouveraient capables de rembourser leur part d'un cheptel dont la valeur peut atteindre plusieurs dizaines de mille francs.

Pour éviter cet embarras, le propriétaire possède à lui seul une partie des animaux constituant un cheptel de fonds, attaché à l'exploitation, invariable et ne pouvant être compris dans aucun partage. On estime généralement sa valeur au 1/3 du cheptel total.

En résumé, à la sortie du métayer : détermination du cheptel de fer (la garantie de l'intégralité de sa valeur est fournie au propriétaire par les récoltes) ; le surplus appartenant aux deux parties par moitié est partagé ; le métayer entrant acquiert la part du métayer sortant.

Dans le cas ou le métayer entrant serait le premier d'un nouveau domaine, il n'aurait affaire qu'à son futur associé, le propriétaire. Il lui devrait la moitié du surplus du cheptel de fonds et s'il ne pouvait s'acquitter immédiatement, les intérêts de la somme lui seraient comptés à 4 %.

Au bout d'un certain temps, la proportion entre les deux parties du cheptel a pu varier ; si le cheptel de fonds était trop faible, le propriétaire, en cas de changement de métayer, se verrait dans la nécessité de l'augmenter.

priétaire y adhère, les métayers paieront 5 %, d'intérêt du prix. Pour le colon suivant, en cas de changement, on force un peu l'impôt colonique.

8° Le métayer s'assurera pour les risques locatifs à la même compagnie que le propriétaire ; de même sa part par moitié contre la grêle.

9° L'achat des animaux sera fait par moitié, avec cette restriction que pour le taureau, le métayer ne sera tenu de payer moitié que jusqu'à concurrence de 600 fr.

10° Semences achetées par moitié, sauf pour les prairies naturelles que le propriétaire veut créer. Si les graines ne sont pas fournies par le domaine, elles seront alors à sa charge.

11° Emploi d'engrais ou d'amendements. Contribution de chacun par moitié à leur achat.

12° *Battage.* — Le propriétaire fournit la machine et 1 mouton, le métayer le personnel.

13° Le défrichement des prairies artificielles ne sera opéré que sur ordre écrit du propriétaire. Cette clause aura pour effet d'empêcher le colon sortant de défricher outre mesure pour obtenir une belle céréale, bénéfice immédiat pour lui, et de laisser un domaine ruiné en fourrages à son successeur.

14° Obligation pour le colon de laisser à sa sortie les pailles et fourrages artificiels et naturels. Détermination du lot de foin pour la consommation jusqu'au 11 novembre.

15° Prohibitions particulières.

CHAPITRE IV

Etat antérieur des cultures
et rendements moyens

Le système général de culture exercé jusqu'ici dans l'exploitation ne peut se rapporter à un assolement suivi. Le fermier en général fait succéder suivant les temps et les circonstances les emblavures, sans s'écarter trop de certains principes passés à l'état de routine. Ainsi l'avoine succédera au blé qu'il compte comme tête d'assolement. Il met fumure sur blé et pas toujours sur la plante sarclée, en tout cas sur cette dernière des quantités absolument insuffisantes : 12.000 kg. à l'hect. par exemple. Longtemps le fumier fut seul employé et actuellement encore quelques-uns ne croient pas aux engrais chimiques, bénéficiant en cela du parti-pris de défiance du paysan vis-à-vis de la science, de la théorie, de la chimie. L'emploi du superphosphate a fait néanmoins d'immenses progrès et devant les résultats obtenus les conversions se sont multipliées. Mais il est fort contestable que les doses employées soient suffisantes. L'expérience prouve qu'on peut arriver à mieux par un large usage des engrais chimiques.

Les prairies artificielles sont peu cultivées dans les très bonnes terres de vallée, le blé leur étant réservé comme le premier bénéfice de l'agriculture. Deux assolements principaux sont assez employés : betteraves ; blé ; avoine ; ou : plante sarclée ; avoine et orge ; prairie artificielle de trèfle, sainfoin ou luzerne ; blé ou avoine. Dans les mauvaises terres on obtient de maigres récoltes de sarrazin, de céréales ; on y cultive surtout en pâturage à moutons le brôme avec quelques graminées et légumineuses. La jachère tend à disparaître de plus en plus.

Les rendements moyens des principales cultures de la région sont les suivants :

Blé, 12 à 17 hl en terre médiocre ; 20 à 24 en bonne terre.

Avoine, 23 à 25 hl.

Orge, 15 à 20 hl.

Seigle, 15 à 25 hl.

Betteraves fourragères, 55 à 70.000 kg.

Pommes de terre, 1.800 à 8.000 sur les plateaux, beaucoup plus en vallée.

Prairies artificielles, 1.500 à 5.000 kg en 1re coupe.

Prairies naturelles, 3 à 5.000 kg en 1re coupe.

Des agriculteurs émérites, suivant les progrès de la science agricole moderne, ont montré par leur réussite que cette région n'est pas aussi déshéritée qu'on le croirait à première vue. Prenant comme bases les enseignements de leur expérience, nous allons établir les quelques modifications qui nous sembleraient profitables dans le mode de faire-valoir des trois métairies.

TROISIÈME PARTIE

LE FAIRE=VALOIR

CHAPITRE Ier

L'Assolement

Système général de culture

Il sera basé sur la production des céréales et des plantes fourragères choisies suivant la nature et la position des terres envisagées. L'extension donnée aux prairies artificielles sera la principale innovation que nous nous permettrons. Elles réussissent bien en effet dans la contrée, et devront à leurs propriétés améliorantes bien connues d'augmenter la richesse du sol compromise par de longues successions de cultures épuisantes.

D'autre part, nous ne cultiverons pas certaines plantes dont le rendement est trop aléatoire, telles que le sarrazin et la navette et nous assignerons à chaque céréale la place qui doit lui revenir logiquement.

Pour les terres profondes, les céréales seront le blé et l'avoine, le seigle dans certains cas pour les terres les plus légères. Sur les plateaux, le seigle prendra la place du blé, l'orge celle de l'avoine. La betterave sera cultivée dans les terres de vallée avec la pomme de terre en petite proportion. Cette dernière sera exclusivement la plante sarclée des plateaux.

Les prairies artificielles seront constituées par le trèfle, le sainfoin, la luzerne mélangés, ou le trèfle seul avec ray-grass. La première combinaison sera pratiquée sur les sols élevés et susceptibles de sécheresse, tandis que la seconde sera possible dans toutes les terres plus fraîches.

Ayant en vue ce principe qu'il ne faut cultiver une terre qu'autant qu'elle paiera les frais qu'elle occasionne, nous sommes amenés à choisir pour les terres médiocres des plateaux un mode de culture améliorante et peu coûteuse. La généralisation des prairies temporaires de graminées sur ces sols nous semble devoir parfaitement remplir de telles conditions. Les frais sont réduits à la création du pacage ; aucun travail de fauchage ou de récolte puisque les moutons les pâturent. En outre, la profondeur du sol s'accroît à la longue par l'accumulation des débris végétaux.

Nous ne pourrions établir une même succession de cultures dans des terres reconnues aussi diverses. Aussi modifierons-nous, suivant les circonstances, l'assolement type choisi (plante sarclée, céréale, légumineuse, céréale).

En vallée, l'assolement sera de 4 ou 5 ans et comprendra une plante sarclée, une céréale de printemps avec semis de prairie artificielle et finira par une ou deux céréales d'hiver sur défriche. Là, la combinaison sainfoin, trèfle, luzerne n'interviendra que comme adjuvant à la fertilité du sol sur une durée de 4 ou 5 ans hors sole.

Dans les bonnes terres des versants et plateaux, avec une durée égale, elle fera partie intégrale de l'assolement qui deviendra septennal. Une plus grande proportion de la prairie artificielle réduira ainsi les frais et les soins de culture sur un sol de production moindre.

Dans les terres lointaines et fertiles, on suivra l'assolement triennal obtenu en supprimant la sole sarclée des terres de vallée, par raison d'économie pour les travaux. La céréale sur défriche se trouvera en tête d'assolement et ne demandera qu'un faible apport de fumier. Les transports lointains se trouveront notablement réduits. Ajoutons que la richesse minérale, surtout en chaux, et la profondeur du sous-sol en font des terres hors ligne pour les légumineuses et les céréales.

La céréale de printemps de deuxième sole sera l'avoine ou l'orge. Ce choix s'explique par ce fait qu'une céréale d'hiver doit être semée en septembre pour réussir dans la contrée. Or la récolte des plantes sarclées, betteraves ou pommes de terre occasionne un retard de deux ou trois mois extrèmement préjudiciable à la céréale à cause des froids.

La place de la céréale d'hiver sera toujours sur défriche, sauf naturellement quand on fera suivre le blé d'un seigle. Cette méthode offrira l'avantage de donner de meilleurs produits qu'en deuxième sole.

Nous ne parlerons pas des cultures dérobées de printemps, navette, vesce, seigle fourrage, les plus en usage dans la contrée, leur emploi étant entièrement subordonné aux besoins et aux circonstances, de même que leur étendue. Leur utilité apparaît surtout après les très mauvaises années, comme le fut 1893, lorsqu'il y a pénurie de fourrage.

Dans la répartition des terres sur chaque assolement, nous considérerons en somme trois catégories : 1° terres labourables de vallée ; 2° bonnes terres de versants et plateaux ; 3° bonnes terres lointaines de plateau. En même temps, pour donner un coup d'œil d'ensemble, nous indiquerons l'étendue des prairies naturelles et des prairies temporaires de graminées. Dans l'évaluation des soles, nous nous exprimerons autant que possible en chiffres ronds, tenant pour négligeables les quelques ares ou centiares nécessaires pour l'exactitude mathématique du partage. Ceci aura d'autant moins d'importance si l'on songe combien il est difficile et rare de réaliser intégralement dans la pratique l'assolement théorique. Ce qui va suivre pourra donc être considéré comme une indication générale du meilleur ensemble d'emblavures vers lequel doive tendre l'exploitation.

L'Assolement

Terres de Vallée 52 h. 76 14

Sole 1.	Betteraves.... 3 h. 1/2	
	Pommes de terre.... 1/2 h.	
Sole 2.	Avoine....... 4 h.	
Sole 3.	Trèfle et ray-grass..... 4 h.	
Sole 4.	Blé........ 4 h.	
Sole 5.	Seigle...... 4 h.	
Hors Sole.	Tous les 5 ans sur avoine, luzerne, trèfle 2 h. 80	
	22 h. 80	

Sole 1.	Betteraves..... 3 h.	
	Pommes de terre.... 1 h.	
Sole 2.	Avoine....... 4 h.	
Sole 3.	Trèfle et ray-grass..... 4 h.	
Sole 4.	Blé........ 4 h.	
Hors Sole.	(1) Tous les 4 ans sur avoine, sainfoin, luzerne, trèfle. 2 h.	
	18 h.	

13 h. 20 27

Bonnes terres des versants et plateaux 33 h. 65 26

Sole 1.	Pommes de terre.... 3 h.	
Sole 2.	Orge....... 3 h.	
Sole 3.	Sainfoin, luzerne, trèfle. 3 h.	
Sole 4.	» 3 h.	
Sole 5.	» 3 h.	
Sole 6.	» 3 h.	
Sole 7.	Seigle...... 3 h.	
	21 h.	

Sole 1.	Pommes de terre.... 1 h. 80	
Sole 2.	Orge....... 1 h. 80	
Sole 3.	Sainfoin, luzerne, trèfle. 1 h. 80	
Sole 4.	» 1 h. 80	
Sole 5.	» 1 h. 80	
Sole 6.	» 1 h. 80	
Sole 7.	Seigle...... 1 h. 80	
	12 h. 60	

12 h. 45 15

Bonnes terres des versants et plateaux lointains 9 h. 29 51

Sole 1,	Blé........ 3 h.	
Sole 2.	Avoine...... 3 h.	
Sole 3.	Trèfle et ray-grass ..... 3 h.	
	9 h.	

Sole 1.	Betteraves.... 1 h. 1/2	
	Pommes de terre.... 1/2 h.	
Sole 2.	Avoine....... 2 h.	
Sole 3.	Trèfle et ray-grass..... 2 h.	
Sole 4.	Blé........ 2 h.	
Sole 5.	Seigle...... 2 h.	
Hors Sole.	(2) Tous les 5 ans sur avoine, sainfoin, luzerne, trèfle. 2 h.	
	12 h.	

11 h. 33 28

Prairies temporaires de graminées 25 h. 65 42

(1) La prairie artificielle hors sole, arrivant sur avoine et se terminant au bout de 4 ans par blé son défriche, pour ne pas rompre la distribution de l'assolement et faire concorder la 4e sole avec cette emblavure de blé, la prairie artificielle hors sole suivante viendra sur avoine à la 3e année à la place du trèfle. Cette 4e année on aura donc 2 emblavures de trèfle, sainfoin, luzerne, l'une en 1re l'autre en dernière année et point de trèfle seul. La réserve de fourrage provenant de l'année précédente y remédiera.

(2) La petite étendue des terres labourables ne permet pas à la métairie du Moulin de suivre plusieurs assolements. Or comme l'assolement quadriennal se suffit pas à lui-même en paille, dans le cas présent, et les céréales des terres élevées n'étant pas là pour contrebalancer l'abondance fourragère, il semble qu'en ajoutant une sole de seigle sur blé, l'équilibre soit rétabli. De même avons-nous dit agir dans la métairie des Noues qui n'a pas, comme la seconde, les céréales de ses terres lointaines pour compenser ses prairies naturelles.

Culture des plantes de l'assolement

Betterave

Elle vient en 1re sole sur blé ou seigle. Avant l'hiver, fort labour de défoncement enfouissant environ 60.000 kg de fumier de ferme et 600 kg de superphosphate. Après l'hiver, 2e labour ou deux extirpages, si la terre est légère ; puis hersages et roulages.

Le semis se fera en mai en lignes distantes de 0 m. 50 et à 0 m. 33 sur les lignes. Si l'on prévoit la sécheresse, un bon roulage sera nécessaire. Quantité de semence : 5 kg à l'hectare. Variété : Géante demi-sucrière. Cette betterave étant cultivée très rapprochée donne un rendement beaucoup plus considérable sous tous rapports.

Au bout de 8 à 15 jours, un premier binage à la main. Quand la racine aura atteint la grosseur d'un crayon, second binage et démariage. Ensuite deux binages à la bineuse.

La récolte se fait en octobre à la main et doit donner à l'hectare 50.000 kg. Conservation en cave ou en silo.

Pomme de terre

Vient en 1re sole sur blé ou seigle. Elle est réservée aux sols les plus légers. Labour profond enfouissant fumier avant l'hiver avec 3 à 400 kg de superphosphate. Extirpages, scarifiages pour ameublir le sol. Engrais potassiques. Second labour au printemps si le temps est propice.

Semis en mai par tubercules, 1.500 kg à l'hectare. Variétés : Institut et Early-rose, fourragère et potagère séparées. Puis hersage moyen et sarclage à la main. Buttage à 15 ou 20 cm., suivant la profondeur du sol, avant floraison.

Récolte à maturité en novembre, à la main ou à l'arracheuse. L'opération se fait le matin après la rosée et la rentrée après triage dans le champ des tubercules de semence et de consommation humaine et animale. Rendement : 8 à 15.000 kg à l'hectare. Conservation en cave ou en silo.

Blé d'automne

Vient toujours sur défriche de prairies artificielles. Labour de défrichement en août, profond, avec enfouissement de 400 kg de superphosphate. Légère fumure s'il est en tête de l'assolement. Hersages, scarifiages, extirpages de façon à avoir une terre ni creuse ni motteuse.

Semis à la fin de septembre. Variété : Japheth. Semence triée et vitriolée. On sème ordinairement 2 hl 1/2 à la volée, à l'hectare, à cause des pertes que peut occasionner la gelée. Mais bien souvent le blé vient sur betteraves et n'est semé que très tard, quoique l'époque reconnue la plus propice soit le mois de septembre. En outre, le hersage de printemps est chose inconnue dans la contrée. Pour ces diverses raisons nous pensons que 2 hl doivent largement suffire avec une semence soigneusement préparée.

Après le semis, hersage en tous sens à 4 ou 5 cm. En février, par un beau temps, hersage léger à 2 cm suivi d'un roulage. Cette opération facilitera le thallement. Si le besoin s'en fait sentir, application de nitrate en couverture. Si la végétation est trop rapide, écimage à la faucheuse, de façon à enlever 5 cm sur 15, ou, ce qui serait préférable, si le prix de l'instrument n'était pas trop élevé, à l'écimeuse. On pourrait encore y suppléer par un roulage, tant que la céréale ne dépasse pas 20 cm, ou par le passage rapide des moutons. Echardonnage et binage, s'il y a lieu.

Récolte en août, à la moissonneuse-lieuse. Rentrée en meules, dans des granges ou sous des hangars. Battage suivant les circonstances et les prix de vente, de suite ou plus tard. Rendement minimum de 20 à 24 hl à l'h. en bonne terre, soit 10 à 12 au grain. Paille : 4.000 kg.

Seigle d'hiver

Cette céréale prend la place du blé dans les terres médiocres et peu abritées, comme plus rustique et plus résistante au froid. Succédant au blé, on pourra au besoin lui appliquer une légère fumure de fumier bien consommé avec superphosphate. Vient après défriche sur un labour profond fait en août ; peu de hersages. Semis à la fin d'août, à la volée, 2 hl à l'h. La semence sera préparée comme celle du blé. Les travaux suivants, hersages, roulages, échardonnages, sont les mêmes.

Récolte avant grande maturité à la faulx armée, à la fin de juillet, commencement d'août. Battage au fléau ou au chevalet. Rendement supérieur au blé en terre médiocre, égal dans les bons sols : 15 à 25 hl à l'h. ou 7 à 12 au grain. Paille : 5.000 kg.

Avoine de printemps

Etant peu rustique, on en profitera pour la cultiver comme céréale de printemps sur les plantes sarclées dont la récolte est tardive. Elle occupera toujours la 2ᵉ sole, ne supportant pas les fumures directes. Comme préparation, un labour moyen au printemps et quelques hersages.

Semis en mars, à la volée, 2 à 3 hl à l'h. Variétés : Noire de Brie et Johannette. Hersage profond pour enterrer la graine à 6 ou 8 cm. Par 4 ou 5 hersages ou sarclages et binages répétés à 8 jours de distance, on détruira les sanves, si cette crucifère envahit la contrée comme on le voit à certaines années. Alors la quantité de semence aurait dû être légèrement augmentée. Après hersage de recouvrement du semis, fort roulage. Comme dans l'avoine sera toujours un semis de prairie artificielle, il sera bon, si la terre est soulevée, de faire un léger hersage au bout de 20 jours, suivi d'un roulage.

Récolte avant maturité, à la fin de juillet, avec ou après le blé, à la moissonneuse-lieuse. On mettra les gerbes debout dans le champ. Rendement actuel en mauvaise terre : 23 à 25 hl. Comme elle est cultivée avec peu de soin et que le renouvellement des semences est assez négligé, nous espérons atteindre facilement 30 à 35 hl en bonne terre, soit 12 à 15 au grain.

Orge de printemps

Peu rustique comme l'avoine, elle viendra en 2ᵉ sole, à la même place. Elle est de grande ressource pour les sols secs, légers, calcaires. Comme l'avoine, elle n'aime pas les fumures directes. Sa culture est identique. On pourra lui ajouter quelques engrais potassiques, si l'expérience en est satisfaisante. Semis à la volée dans la première quinzaine d'avril : 2 hl à l'h. ; avec semis de prairie artificielle. Variété bien acclimatée dans la région : Orge de Saint-Remy.

Récolte à parfaite maturité. On laissera les gerbes debout dans le champ et on les déplacera souvent à cause de la prairie artificielle. Rendement : 15 à 20 hl à l'h. selon les terres ; soit 8 à 10 au grain.

Prairies artificielles

De composition variable selon la nature du sol où elles végéteront, occupant une place dans l'assolement ou hors sole, elles viendront toujours sur avoine ou orge de printemps et seront suivies par un blé ou un seigle d'automne sur défriche.

Dans les terres argilo-calcaires de vallée, fraîches, plus ou moins alluvionnaires, on adjoindra avantageusement le ray-grass d'Italie au trèfle. Cette association de la légumineuse à une des meilleures graminées demandant le même sol et la même humidité, est reconnue comme donnant d'excellents résultats et doit fournir à Courlon un minimum de 6.000 kg de foin à l'h. Le ray-grass d'Italie est, en effet, d'après l'éminent agronome suisse Stebler, la graminée qui repousse le plus promptement et « dont la culture intensive obtient les produits les plus abondants. » Elle est en plein rapport dès la 1re année, ce qui permet de l'utiliser dans une prairie artificielle annuelle.

Mettant à profit les qualités essentiellement améliorantes de la luzerne et du sainfoin, on les cultivera associés au trèfle, hors sole, dans les terres de vallée, et on les laissera végéter 4 ou 5 ans, suivant la durée de l'assolement.

Dans les terres élevées, calcaires et légères, on pourra leur adjoindre l'anthyllis vulnéraire ou trèfle jaune des sables qu'on y rencontre parfois à l'état sauvage.

Le sainfoin en bonne terre sera le sainfoin à deux coupes : ailleurs le sainfoin à une coupe qui rendra plus dans sa récolte unique que le précédent.

La variété de trèfle sera le trèfle violet et peut-être, plus tard, en terre élevée, le trèfle de Pannonie, s'il donne des résultats satisfaisants.

Le semis se fera dans la céréale de printemps semée assez claire pour ne pas étouffer les légumineuses. Les graines auront été criblées au décuscuteur.

Après hersage de recouvrement de la céréale et avant la levée de cette dernière, on sèmera les plantes de la prairie artificielle et l'on recouvrira par un hersage à demi-dent et un roulage. Quantités à l'hectare : trèfle, 10 kg ; ray-grass, 30 ; ou trèfle, 10 ; luzerne, 15-20 ; sainfoin, 60-70.

Les engrais potassiques seraient bons pour le ray-grass et le trèfle, le plâtre pour ce dernier ; les scories conviennent particulièrement à la luzerne.

L'année du semis, on ne laissera pas longtemps en place les javelles de la céréale. Fumure, phosphatée et potassique avant l'hiver ; au printemps, 300 kg de plâtre à l'h. si le besoin s'en faisait sentir. La 1re année, le trèfle donnera principalement ; le sainfoin et la luzerne, la 2e ; la 3e, le sainfoin sera en plein rapport, et la luzerne la 4e. On récoltera à la faucheuse ou à la moissonneuse quand le sainfoin sera en pleine fleur et que la luzerne commencera. Les légumineuses seront réunies en moyettes que l'on déplacera souvent.

En 1re et 2e coupe, les rendements seront pour le ray-grass uni au trèfle : 6.000 kg à l'h. ; pour la luzerne et le sainfoin en bonne terre : 8.000 en moyenne. Les rendements des regains sont tellement variables qu'il est aussi impossible de les prévoir que la sécheresse d'un été dans les années futures. On peut toutefois compter sur un minimum de 2.000 à 2.500 en bonne terre et 1.500 en terre sèche et élevée. Rien de précis ne peut être dit pour le fauchage ou le pâturage de la prairie. Tout dépend des besoins du moment et des rendements généraux de l'année. On s'efforcera en tout cas de faire pâturer en suivant une succession, car il ne faut pas perdre de vue que c'est le mode de récolte le moins préjudiciable au sol.

Comme soins d'entretien : hersages, étaupinages, épierrages. Le labour de défrichement de la prairie artificielle se fera en août pour permettre de semer à temps la céréale d'hiver.

Pour la production des graines de semis (trèfle, 1re année ; sainfoin, luzerne, 2e année), fauchage de la 1re coupe de bonne heure et de la 2e en sept., à maturité des graines. Battage au fléau. La luzerne et le sainfoin produisent 3 à 400 kg à l'h., le trèfle 4 à 500. Mais il est probable que les métairies auront recours le plus souvent aux grainetiers sérieux dont les semences garanties et sélectionnées donneront par des renouvellements fréquents de bien meilleurs résultats.

Prairies temporaires de graminées

Nous avons distingué toute une catégorie de sols secs, rocheux, calcaires ou marno-calcaires souvent occupés par des friches, des cultures de graminées appelées « grande herbe » dans le pays, ou de pauvres végétations anémiées par la sécheresse et le peu d'épaisseur du sol.

Nous pensons que le plus sage est de s'en tenir à ce mode

d'exploitation, en l'améliorant le plus possible. Il existe en effet une classe de graminées et de légumineuses pour ces sols élevés, en pente ou dominant des abrupts et propres à constituer des pacages à moutons. Ils rendraient à cette espèce animale les services que les pâturages rendent aux bovins. Mais on conçoit que leur établissement et leur mode d'exploitation en diffèrent totalement. Ils ne seront pas permanents comme ces derniers, mais temporaires, sauf les friches des très mauvaises terres. Suivant le système écossais, ils seront retournés et reconstitués tous les 5 ans. Il sera facile ainsi de surveiller leur composition végétale. La flore des coteaux calcaires est en effet assez spéciale et doit être suivie avec le plus grand soin. Nous allons passer en revue les graminées et légumineuses qui la constituent.

La plus recommandable de ces graminées est sans contredit le brôme des prés, universellement employé dans toute la région jurassique du plateau de Langres. Il atteint son entier développement la 2ᵉ année. Il est bon avant floraison. La fétuque ovine et la fétuque durette sont bonnes également, de même que l'agrostis vulgaire, la fléole de Bœhmer, le nard roide, le pâturin des prés. Toutes s'accommodent bien de cette sorte de sol et conviennent à la nourriture des moutons. La minette et l'anthyllis vulnéraire sont les seules légumineuses de valeur agricole notable que l'on puisse leur adjoindre avec succès. L'anthyllis est rustique pour le climat et dure 3 à 5 ans, là où d'autres trèfles ne résistent pas. La minette se ressème spontanément. La pimprenelle peut aussi rendre de grands services. Elle dure 5 à 6 ans. Toutes ces plantes sont parfaitement pâturées.

L'avoine pubescente serait également à recommander, si la graine en était moins rare. Quant à la flouve odorante, elle n'est bonne que comme plante aromatique et en petite quantité.

La prairie temporaire sera créée sur terre nue ou, si le sol le permet, dans une avoine semée à raison de 2 hl à 2 hl 1/2 à l'h. Comme travaux préparatoires : ameublissement du sol au moyen de la charrue, du vibrateur, de la herse, selon les difficultés du sous-sol. Fumure azotée et phosphatée légère.

Semis au printemps en deux parts et dans les proportions suivantes :

Graines de 1er semis		*Graines de 2e semis*	
Brôme des prés,	15 k.	Agrostis vulgaire,	5 k.
Fétuque ovine durette,	4 —	Fléole de Bœhmer,	4 —
Anthyllis vulnéraire,	5 —	Nard roide,	1 —
Minette,	5 —	Pâturin des prés,	10 —
Pimprenelle,	5 —		20 k.
	34 k.		

Au total : 54 k.

Le 1er semis est constitué par les graines les plus lourdes, généralement les plus volumineuses, et qui seront enterrées par un léger hersage. Un simple roulage suffira pour les graines de 2e semis.

Le semis se fera par temps calme et dans les deux sens pour obtenir une égale répartition de la graine. Le mode d'exploitation sera le pâturage et le rendement moyen devra atteindre 2.500 kg de foin sec à l'h.

Au bout de 5 années, la prairie sera renversée et créée de nouveau comme précédemment avec de nouvelles semences sélectionnées. Avec les « grandes herbes » déjà existantes, il sera bon de combiner l'établissement des nouvelles, de manière à avoir tous les ans un cinquième de l'étendue totale à renouveler.

Prairies naturelles

Les pâturages de vallée sont situés sur les rives des cours d'eau affluents de la Tille. Ils sont facilement irrigables, parfois naturellement submersibles à l'époque des crues. En tout cas, leur situation est excellente et ils profitent des limons apportés par les eaux sans être sujets à un excès d'humidité comme certaines prairies plus en aval dans la vallée.

Le sol est argilo-calcaire ou marno-argileux, assez humifère par endroits. Sa fraîcheur est maintenue presque constante par la présence des eaux courantes. Enfin sa nature plus ou moins alluvionnaire, offre de grandes analogies avec ceux de la Normandie ou du Charolais.

La flore des prairies, très satisfaisante, pourrait encore gagner au prix de quelques soins touchant les irrigations et l'apport d'engrais.

On rencontre parmi les bonnes graminées : l'agrotis traçante, l'avoine jaunâtre, le dactyle pelotoné, la fétuque des prés, la fléole, le fromental, la houque laineuse, le paturin des prés, les ray-grass et le vulpin des prés. Parmi les légumineuses : le lotier corniculé, les trèfles blanc, violet et hybride. Comme plantes fourragères diverses : l'achillée-millefeuille, le caille-lait, la chicorée sauvage, la cardamine des prés, le pissenlit.

A côté se trouvent des plantes nuisibles : l'ancolie commune, localisée et rare, des renoncules, le plantain, la pâquerette, l'anthrisque sauvage, le cerfeuil doré, la carotte sauvage, la ciguë, la colchique, des laiches et des prêles, en quelques lieux mal drainés.

Nous ne parlerons pas de la création des prairies, mais des moyens d'arriver au type le plus parfait qu'il soit possible de réaliser. La destruction des mauvaises plantes, des façons culturales, des engrais, des drainages, peuvent suffire dans quelques cas. Dans d'autres, il faudra procéder à l'arrachage de la plante individuellement ou en masse selon son abondance. Tel est le cas de la colchique, de l'anthrisque, de la carotte sauvage et du cerfeuil doré. Des drainages suffiront pour les laiches et les prêles avec application d'engrais alcalins. Pour d'autres, le fauchage de bonne heure met obstacle au semis naturel.

Les soins à donner aux prairies peuvent se résumer ainsi : irrigations, drainage, s'il y a lieu, épandage des déjections et nettoyage des fossés, ramassage des feuilles et débris pailleux au rateau à cheval. Passage à l'automne du régénérateur dans les vieilles prairies et application des fumures. Au printemps, roulage énergique pour aplanir les touffes ; étaupinage à l'étaupinoir de Mathieu de Dombasle ; garnissage des vides au moyen de bonnes graines.

Comme fumure, écarter le fumier qui donne un azote inutile et préférer le purin très étendu d'eau et répandu en hiver. Application de fumures phosphatées et potassiques. Les scories font bon effet en neutralisant l'acidité du terreau formé par les débris de racines et supérieur à la couche marneuse du sol proprement dit. On maintient ainsi une bonne proportion de légumineuses. Contre les mousses, le sulfate de fer ; ne pas faire pâturer immédiatement après l'épandage. Suivre un assolement dans l'application des engrais.

Comme mode d'exploitation : le pâturage et le fauchage combinés ou le pâturage seul. Actuellement, il y a encore peu de pâturages clos.

Rendement : 5.000 kilog. de foin en 1re coupe. En regain 2.000 en moyenne, à cause des années de sécheresse. Soit un minimum de 6 à 7.000 kilog. par an. Foin propice pour l'engraissement.

Récolte à la faucheuse, fanage et mise en meules d'environ 1.000 kilog. dans le pré, si le temps le permet, avant la rentrée à la métairie.

Les 3/4 ou les 2/3 des prairies naturelles seront pâturées chaque année de manière à suivre une sorte d'assolement dans le fauchage.

L'ensilage des fourrages verts n'est pas pratiqué à notre connaissance dans la région. Nous nous proposons de l'essayer dans la suite, si les circonstances le permettent et comptons retirer de nombreux avantages, principalement au sujet de la réduction de la main-d'œuvre, d'une méthode qui donne ailleurs de si excellents résultats pratiques.

CHAPITRE II

Le Bétail

Animaux de travail

Dans cette partie de la Bourgogne, le cheval est l'animal de travail le plus employé. Cependant les terres sont accidentées, les travaux souvent difficiles et là, au dire des meilleurs agriculteurs, cet animal est la ruine de l'agriculture. Il faut chercher la cause de cette préférence dans la difficulté où l'on se trouve de rencontrer des hommes adroits et intelligents qui veulent remplir le métier de bouvier. En outre, la nourriture du bœuf exigerait une assez grande quantité de fourrages et nous avons vu que l'on ne tire pas des prairies artificielles tout le profit possible.

Comme nous nous sommes proposé d'augmenter leur proportion, l'unique obstacle viendrait donc de la main-d'œuvre. Mais quoique très rares, les bons bouviers ne sont pas introuvables, et si, comme il est fort probable, profitant du courant qui amène des cultivateurs du Centre vers les terres fertiles et peu coûteuses du plateau de Langres, nous choisissons des métayers parmi eux, rien ne s'oppose à ce que nous utilisions le bœuf de travail.

Ce dernier sera exclusivement employé dans les grandes métairies. La métairie du Moulin, peu considérable, s'accommoderait fort bien de la vache, qui serait de tous les animaux de travail le plus économique. Nous verrons que la race se prête parfaitement à cette combinaison que les terres ne sont pas assez fortes pour rendre impraticable. Elle le serait peut-être si l'on ne disposait comme ouvriers agricoles que des gens du pays, tandis qu'elle ne choquera nullement des métayers du Centre, qui retrouveront en elle une coutume de leur région.

Animaux de rente

Bovins. — Ainsi choisis, les animaux de travail offrent l'avantage d'une spéculation générale lucrative sur les bovins considérés également comme animaux de rente (1). Les bœufs travaillent à partir de 2 ans et demi et sont vendus en chair ou gras au bout de 2 à 3 ans. Les veaux qui ne sont pas destinés à faire des élèves sont vendus à 6 semaines. Parmi les élèves, une partie doit remplacer les bœufs de travail, l'autre les vaches réformées vendues prêtes à vêler. A la métairie du Moulin, ils seront vendus entre 2 et 3 ans. Les ventes se feront au printemps ou à l'automne sur un champ de foire quelconque, s'il ne se trouve pas d'acquéreur dans les environs.

Porcins. — Après la vente des veaux à 6 semaines ou leur sevrage à 5 mois, les vaches donneront une certaine quantité de lait qui servira à la fabrication du beurre. Les résidus de laiterie, joints aux pommes de terre, serviront à engraisser quelques porcs.

Ovins. — Les nourritures fourragères dont nous disposons dans les deux grandes métairies indiquent également comme rationnelle une spéculation sur les ovins, spéculation qui portera principalement sur l'élevage.

Basse-cour. — Nous nous proposons de veiller à ce que la basse-cour soit entretenue avec soin ; car c'est une source de profits quand elle est dirigée par une personne capable. La

---

(1) Il n'est pas besoin d'insister sur les raisons qui nous font préférer de prime-abord l'élevage des bovins à la production laitière. Le choix de nos animaux de travail établi, nous arrivons logiquement à cette conclusion, la vache ne pouvant fournir simultanément avec profit son travail et son lait. En outre, par l'élevage de nos animaux dans l'exploitation, nous éviterons les frais qui seraient nécessaires par ailleurs pour acquérir des produits de choix sur un marché. Enfin, la spéculation du lait vendu en nature aux fromageries n'est pas rémunératrice ; celle du beurre ou du fromage, pour peu qu'elle fût sérieuse, rencontrerait une concurrence acharnée de la part de ces établissements. Dans un cas comme dans l'autre, elle ne pourrait assurément pas compenser les dépenses occasionnées par l'emploi du cheval comme bête de travail.

poule de Houdan, bien acclimatée dans le pays, semble la variété préférable. Elle présente en effet de grandes qualités, chair excellente, très bonne pondeuse, qui compensent ses légers défauts. Il n'est pas probable qu'on puisse garder la race pure, les métairies étant à proximité du village et les volailles circulant librement. Comme nourriture, nous nous proposons d'adjoindre aux criblures du battage la farine de riz, aliment excellent et bon marché (12 fr. les 100 k.)

Le voisinage de la petite rivière de la Tille permettra l'élevage économique du canard.

Nous ne faisons pas entrer actuellement la basse-cour en ligne de compte dans l'étude de nos spéculations, parce qu'il est impossible de fixer à l'avance le nombre de volatiles que l'on entretiendra : la réussite des couvées étant trop aléatoire et l'abondance de la nourriture variable. En tout cas, nous ne nous livrerons à cette spéculation qu'autant que les produits en paieront largement les dépenses.

Rucher. — La région est essentiellement mellifère par sa flore naturelle et les cultures de sainfoin. Son miel, au dire des apiculteurs, est un des meilleurs de la Bourgogne. Nous espérons pouvoir, de concert avec les métayers, établir quelques ruchers. Quoique la supériorité des ruches à cadre soit indiscutable, nous ne les introduirons que peu à peu, utilisant encore les ruches à calotte qui donnent un beau miel et dont l'emploi est plus simple.

Fourrages dont dispose l'exploitation

Mettant à part les pommes de terre réservées aux porcs, nous allons donner, avec leurs équivalents en foin normal, les quantités des divers fourrages destinés aux bovins et aux ovins, dans chaque métairie. Nous nous servirons des équivalents indiqués par Crevat dans son remarquable ouvrage sur l'*Alimentation rationnelle du bétail*, équivalents établis et vérifiés par de longues observations en France et en Allemagne.

Fourrages	Equivalents	Métairie des Noues		Métairie de la Tour		Métairie du Moulin	
		Quantité en kil.	Equivⁱˢ en foin normal	Quantité en k.	Equivⁱˢ en foin normal	Quantité en k.	Equivⁱˢ en foin normal
Betteraves	480	3.5 × 4800 = 16800	33869	3. × 48000 = 14000	33888	1.5 × 4800 = 7200	16744
Fourrages de prairie artificielle	87	4. × 4000 2.8 × 8000 5. × 5000 7. × 8000 } = 119400	18240	3. × 4000 2. × 8000 4. × 6000 2.2 × 5000 5. × 8000 } = 108000	118800	2. × 6000 2. × 5000 } = 22000	25287
Fourrages de pr. naturelle	100	1.5 × 5000 = 7500	7500	2.5 × 5000 = 12500	12500	2.5 × 5000 = 12500	12500
Paille d'Avoine et de Blé	170	4. × 3500 4. × 4000 } = 30000	17847	7. × 3500 7. × 4000 } = 52500	30882	2. × 3500 3. × 4000 } = 15000	8823
Paille de Seigle	201	7. × 5000 = 35000	17414	1.8 × 5000 = 9000	3483	2. × 5000 = 10000	4975
Paille d'Orge	155	3. × 3000 = 9000	5800	1.8 × 3000 = 5400	4477		
Total des fourrages consommés à l'étable :			222676		263120		(8329)
Prairies temporaires	100	11.2 × 2500 = 28000	28000	10.45 × 2500 = 26125	36125		
Prairies artificielles	87	5. × 5000 7. × 2000 4. × 4000 2.8 × 2000 } = 60000	9454	3. × 4000 2.2 × 5000 5. × 3000 4. × 2000 2. × 200 } = 45000	51724	2. × 3000 2 × 5000 } = 18000	10091
Prairies naturelles	100	4.5 × 5000 = 22500	22500	5. × 5000 = 25000	25000	3. × 5000 = 15000	15000
Regains des prairies natur.	82	6. × 2000 = 12000	14634	7.5 × 200 = 1500	18202	5.5 × 200 = 1100	13414
Total des fourrages pâturés :			134788		121141		44595
Total général :			83464		324351		112834

Nous devons retrancher la litière que l'on peut estimer environ au 1/5 en poids de paille du poids de l'équivalent de foin des nourritures consommées à l'étable. Nous aurons donc en désignant par E l'équivalent en foin de la paille de la litière et par P le poids cherché de la paille :

Métairie des Noues. — $P = \dfrac{224676 - E}{5}$

En prenant : paille d'Orge : 9000 k., paille de Seigle : 32000 = 41000 k. ; E = 5806 + 15920 = 21726.

Or 224676 — 21726 = 202950 et 41000 × 5 = 205000.

Donc reste au total : 202950 + 134788 = 337738 k. de foin normal.

Métairie de la Tour. — $P = \dfrac{203120 - E}{5}$

En prenant : paille d'Orge : 5400 k., paille de Seigle 900, paille de Blé ou Avoine : 22500 = 36900 ; E = 4477 + 3483 + 13235 = 21195.

Or 203120 — 21195 = 181925 et 36900 × 5 = 184500.

Donc reste au total : 181925 + 121141 = 303066 k. de foin normal.

Métairie du Moulin. — $P = \dfrac{68329 - E}{5}$

En prenant : paille de Seigle : 10000 k., paille de Blé ou Avoine : 2700 = 12700 ; E = 4975 + 1588 = 6563.

Or 68329 — 6563 = 61766 et 12700 × 5 = 63500.

Donc reste au total : 61766 + 44505 = 106271 k. de foin normal.

Nombre de têtes de bétail à entretenir sur l'exploitation

Pour déterminer le nombre de têtes de bétail que peut nourrir chaque métairie, nous nous servirons de la méthode indiquée par Crevat. Admettant en principe que la consommation doit être proportionnelle aux surfaces de déperdition, la formule

C³ × Q, où C désigne le périmètre de la poitrine et Q un coëfficient moyen 4.83 que l'on rend égal à 5 dans la pratique, nous
donne la ration journalière en foin normal d'un animal de poids
donné. Comme $C^3 = \frac{P}{c}$ (c désignant un coëfficient variant
ordinairement entre 80 et 90), $R = \sqrt[3]{\frac{P}{c} \times Q}$. En prenant le poids
moyen P pour une certaine période, on aura la ration moyenne
qui, multipliée par le nombre de jours, indiquera avec une
précision suffisante la totalité des aliments nécessaires évalués
en foin normal.

Métairie des Noues

Animaux et nombre X	Age	Poids moyen en k.	Nombre de jours N	Coefficient moyen c	C' × 5 = R	R × N = R'	R' × X = R''
6 Vaches	3-8 ans	500	365	85	3.258 × 5 = 162ᵏ90	5945ᵏ	35670ᵏ
6 Veaux	5-12 mois	200	210	90	1.702 × 5 = 8.510	1787	10722
6 Bouvillons et génisses	1-2 ans	400	365	85	2.808 × 5 = 14.040	5124	30744
2 Génisses	2-3 ans	450	365	85	3.037 × 5 = 15.185	5542	11084
4 Bouvillons	2-3 ans	500	365	85	3.258 × 5 = 16.290	5945	23780
4 Bœufs de travail	3-4 ans	650	365	80	4.041 × 5 = 20.205	7374	29496
2 Bœufs de travail	4-4 ans 1/2	750	210	80	4.439 × 5 = 22.195	4660	9320
2 Bœufs de travail	4-5 ans	750	300	80	4.439 × 5 = 22.195	6658	13316
1 Taureau	4-5 ans	500	365	80	3.392 × 5 = 16.960	6190	6190
75 Brebis mères	2-5 ans	45	365	85	0.654 × 5 = 3.270	1193	89475
75 Agneaux	{ 3-4 mois	10	30	85	0.240 × 5 = 1.200	36 } 378	28350
	{ 4-10 mois	20	180	85	0.381 × 5 = 1.905	342 }	
10 Agneaux	10-12 mois	25	60	85	0.439 × 5 = 2.190	131	1310
25 Brebis	10 m.-2 ans	35	425	85	0.553 × 5 = 2.765	1175	29375
1 Bélier	10 m.-2 ans	50	365	85	0.702 × 5 = 3.510	1281	1281

TOTAL : 320113

Or la métairie dispose de 337.738 kg de foin normal. L'excédent sera donc de : 17.625. On pourrait lui ajouter l'excédent de paille des litières.

Les réserves sont constituées :

1° par l'excédent évalué ci-dessus en foin normal ;

2° par les rations de Crevat comptées très fortes (Q = 5 au lieu de 4,83) ;

3° par les suppléments en son, avoine, farine d'orge, tourteaux donnés aux animaux ;

4° par les chaumes des 18 ha de céréales sur lesquels les moutons passeront après la moisson ;

5° par les fourrages provenant des 2 ha de prairies temporaires renouvelées chaque année.

Porcs. — Les résidus de laiterie sont fournis par 6 vaches donnant du 5ᵉ mois à la moitié du 7ᵉ, 375 litres de lait. Retranchant le beurre fourni par cette quantité (4 %) et les déchets (2 %), il reste 350 litres de petit lait par tête, soit au total 2100 litres. Prenant comme équivalent 260, nous aurons donc, évalués en foin normal, environ 800 k.

En pommes de terre (équivalent 241) :

$$0.5 \times 1500 + 3 \times 8000 = 31500 \text{ k. de tubercules} = 13070 \text{ k. de foin normal}$$

La métairie pourra donc nourrir :

Animaux et nombre	Age	Poids moy.	Nombre de jours	Coéffic. moy.	C' × 5 = R	r × l = r'	r' × l = r''
3 Truies mères	1-4 ans	100	365	85	1.144 × 5 = 5,570	2038	6099
3 Porcs	2-12 mois	75	300	85	0.919 × 5 = 4,595	1378	4134
					Total :		10238 k. de foin normal

L'excédent sur 13870 sera donc de 3637 constitués exclusivement par les tubercules, puisque le lait est consommé au jour le jour. Les semences seront prises sur cette réserve.

Métairie de la Tour

Elle comprendra le même nombre de bovins que la précédente. Le troupeau de moutons sera sensiblement réduit. Il faut retrancher du total des fourrages consommés la nourriture de :

15 brebis mères de 2 à 5 ans. . .	17895
15 agneaux de 10 mois.	5670
2 agneaux de 10 à 12 mois. . .	262
5 brebis de 10 mois à 2 ans. . .	5875
Total.	29702 kg de foin normal.

Le total des fourrages consommés sera donc de :
320113 — 29702 = 290411.

Sur les 303066 kg dont elle dispose annuellement restera donc un excédent de : 12655.

Cette métairie possède 17 h. 50 a. de parcours sur chaumes de céréales.

Porcs. — Comme dans la première métairie, les résidus de laiterie se monteront à 800 kg exprimés en foin normal. En pommes de terre, on aura $1 \times 15000 + 1,8 \times 8000 = 29400$ kg ou 12199 de foin normal.

Le nombre d'animaux sera le même que précédemment et l'excédent sera de : $12999 — 10233 = 2766$ kg.

Métairie du Moulin

Individuellement, les évaluations seront les mêmes que dans les autres domaines. Nous aurons :

8 vaches de 3 à 8 ans	47560
4 veaux de 5 à 12 mois	7148
4 bouvillons et génisses de 1 à 2 ans	20496
2 génisses de 2 à 3 ans	11084
2 bouvillons de 2 à 3 ans	11890
Total.	98178

L'excédent de fourrages sera donc de $106271 — 98178 = 8093$ kg de foin normal.

Porcs. — Dans cette métairie, les vaches étant employées au travail donneront moins de lait.

Comme résidus de laiterie, 4 vaches donneront 990 litres, les 4 autres 280, soit un total de 5080 litres équivalant à 1953 kg de foin normal.

La quantité de pommes de terre sera de $0,5 \times 1500 = 7500$ ou 3112 kg.

Les animaux seront :

1 truie mère consommant	2033 kg
1 porc »	1378 »
Total,	3411 kg

L'excédent sera donc de : 5065 — 3411 = 1654 kg de foin normal.

Les Spéculations animales

Espèce bovine

Race. — Les races les mieux acclimatées dans la région sont la *Comtoise* et la *Fribourgeoise*. Leurs croisements constituent la race du pays. Des deux, la meilleure à tous points de vue est sans contredit la Fribourgeoise. Comme nous pensons l'adopter dans l'exploitation, nous l'étudierons tout spécialement.

La Fribourgeoise, qui tire son nom de la ville de Fribourg, en Suisse, est une race jurassique. Elle comprend deux types : le *Fribourgeois proprement dit* et le *Montbéliard*. Le premier est pis noir. On le rencontre surtout de l'autre côté de la frontière et c'est lui que l'on désigne généralement en parlant de la race. Le second se rencontre de préférence dans le Jura français et une partie de la Bourgogne.

La robe de la Montbéliarde est pis rouge. Sa taille est légèrement inférieure à celle du type de Fribourg. Ses qualités laitières sont en revanche plus développées. L'arrière-main est un peu moins étoffée, la croupe moins arrondie que dans la race suisse, tout en demeurant supérieures à la Comtoise. La corne est fine et blanche, le mufle large et rose, chez les deux types.

Ces distinctions doivent faire éviter toute confusion. La parenté de la Montbéliarde et de la Fribourgeoise est en effet tellement marquée, que l'on appelle indifféremment en Bourgogne de ces deux noms, la variété pis rouge pour laquelle le premier terme devrait être seul employé. D'autre part, hors de la contrée, on semble généralement ignorer les rapports étroits de la race française vis-à-vis de la suisse, ou la valeur de cette distinction.

La Montbéliarde est rustique, bonne laitière, bonne pour l'engraissement et surtout excellente travailleuse. Les agriculteurs du pays la placent immédiatement après la Charolaise et la lui préfèrent même chez eux. Ses bœufs de travail sont fort recherchés par les sucreries et distilleries bourguignonnes. Enfin elle nous offre le précieux avantage de ne pas dégénérer comme sa rivale dans les sols montagneux et élevés.

Dans la plaine dijonnaise, les bons bœufs de 5 à 6 ans atteignent un poids moyen de 8 à 900 kg, certains 1050 à 1100, au moment de la vente pour la boucherie. A Courlon, un bœuf de 5 ans doit peser 750 à 800 kg quand il a été bien soigné pendant ses premières années.

La vache montbéliarde donne 1800 litres de lait par an, 14 à 1500 seulement quand elle est soumise au travail.

Vaches. — On les gardera entre 3 et 8 ans, selon leur qualité. Chaque année, au printemps, les 2 plus médiocres seront vendues prêtes à vêler et remplacées par 2 génisses pleines, âgées de 3 ans. La traite sera faite 3 fois par jour, en été, le matin et le soir avant d'aller au pâturage, à midi, à l'étable. Les vaches ne seront traites que 7 mois 1/2 après la parturition. On a remarqué, en effet, que la suivante donnait des produits sensiblement meilleurs si l'on n'attendait pas plus longtemps pour tarir la mère (1).

Pendant l'hiver, les animaux restent en stabulation, on leur distribuera la ration suivante :

Betteraves et paille hachée.	(Equiv. 368)	25 kil.	Eq. en foin normal.	6.793
Paille....................	(Equiv. 170)	2.5	—	1.470
Fourrage.................	(Equiv. 87)	7	—	8.045

Ration totale en foin...... 16ᵏ308

Au printemps et à l'automne, ils suivront le régime de la demi-stabulation et, l'été, iront au pâturage. Après le vêlage, on pourra pendant 2 ou 3 mois leur donner une livre de tourteau

(1) Nous admettrons qu'une vache doit donner 1800 litres de lait pendant le temps de lactation et 1 veau par an. Si elle travaille elle ne donnera que 14 à 1500 litres. Dès lors une vache dont le veau sera vendu à 6 semaines donnerait pour la fabrication du beurre, en 6 mois : 1215 ou 1050 litres : si le veau est sevré à 5 mois : 375 ou 300 litres en 2 mois et demi.

de navette, en supplément. Pour les bêtes à l'engrais, 2 kg de tourteau d'arachides pendant 3 mois.

Dans la métairie du Moulin, les travaux étant exécutés par des vaches bouvières, toutes seront employées à tour de rôle, sauf pendant les périodes critiques de la gestation. On augmentera dans leur ration la proportion de la paille, ce fourrage convenant particulièrement à la production du travail.

Dans les rateliers des étables, des blocs de sel seront disposés à portée des animaux.

Veaux. — Un certain nombre seront vendus à 6 semaines pour la boucherie, au poids approximatif de 100 k. On choisira de préférence comme animaux d'élevage, ceux qui seront nés au printemps. Ils seront nourris comme les premiers au seau, pendant 5 mois. Cette méthode n'offre aucun inconvénient, puisque les vaches ne restent pas en été au pâturage d'une façon permanente.

Ration de stabulation jusqu'à 12 mois.	Bett. et p. hachée..	10 kil.	2.717
	Fourrage...........	5	5.747
	Ration totale en foin.......		8ᵏ 464

Bouvillons et génisses de 1 à 2 ans.

Ration de stabulation	Bett. et p. hachée..	15 kil.	4.076
	Paille.............	2	1.176
	Fourrage...........	7.5	8.620
	Ration totale en foin.......		13ᵏ 872

Comme ils traversent à cet âge une époque critique où une nourriture insuffisante peut porter les plus graves préjudices à leur santé, on ajoutera à leur ration 1 livre de farine d'orge. On opère en mélangeant la farine aux racines coupées et en arrosant le tout d'un peu d'eau chaude. L'aliment ainsi obtenu est des plus sains et des plus digestifs.

Génisses de 2 à 3 ans. — Saillies de préférence à 27 mois, de façon à vêler à 3 ans environ, les génisses entreront à cet âge dans la catégorie des vaches adultes.

Ration de stabulation	Bett. et p. hachée..	20 kil.	5.484
	Paille	2	1 176
	Fourrage	7.5	8.620
	Ration totale en foin.......		15ᵏ230

Bouvillons de 2 à 3 ans. — A 2 ans, aux travaux de printemps d'abord, et surtout aux travaux d'automne, les bouvillons seront, comme les vaches bouvières, au Moulin, dressés au joug avec les vieux animaux pour remplacer à leur 3ᵉ année les bœufs vendus gras à l'automne ou pendant l'hiver.

Ration de stabulation ....·........	Bett. et p. hachée..	25 kil.	6.798
	Paille...	2.5	1.470
	Fourrage..........	7	8.045
	Ration totale en foin.......		16ᵏ808

Bœufs de travail de 3 à 4 ans.

Ration de stabulation	Bett. et p. hachée..	30 kil.	8.423
	Paille.............	5	2.941
	Fourrage..........	8	9.195
	Ration totale en foin..		20ᵏ559

Bœufs de travail et d'engrais ; 4 ans à 4 ans 1/2. — Ces bœufs seront engraissés au pâturage et vendus à l'automne au bout de 4 mois pesant environ 750 à 800 kil.

Ration de stabulation	Bett. et p. hachée..	30 kil.	8.423
	Paille.............	6	3.528
	Fourrage..........	9	10.344
	Ration totale en foin.......		22ᵏ295

Bœufs de travail et d'engrais ; 4 à 5 ans. — Ces bœufs recevront la même ration de stabulation que les précédents pendant les travaux d'automne. Ils seront engraissés 3 mois à l'étable pendant l'hiver et recevront la ration suivante complétée par 2 kil. de tourteau d'arachides :

	Bett. et p. hachée..	30 kil.	8.423
	Paille.......	3	1.764
	Fourrage..........	9	10.344
	Ration totale en foin.......		20ᵏ531

Ils seront vendus à 4 ans et 10 mois environ au poids moyen de 800 kil.

Taureau. — Il sera remplacé tous les 2 ans et demeurera alternativement dans chacune des grandes métairies.

Ration de stabulation	Bett. et p. hachée..	25 kil.	6.793
	Paille	3	1.764
	Fourrage	7.5	8.620
	Ration totale en foin		17ʰ177

Espèce ovine

Comme race, le *petit Mérinos* est très bien acclimaté dans la région. On le croise maintenant beaucoup avec le *Dishley*. Les types obtenus ont gardé les qualités du mérinos pour la laine et donnent une viande plus estimée.

On pratique deux spéculations dans le pays : l'élevage et l'engraissement. Les meilleurs résultats sont obtenus par les deux combinées. Les brebis reproduiront de 2 à 5 ans et seront renouvelées par tiers tous les ans. Passé cet âge, le prix de vente serait beaucoup moins rémunérateur.

On peut évaluer le nombre des agneaux égal à celui des mères, les doubles naissances compensant les avortements. On les fera naître de préférence à la fin de l'automne ou au commencement de l'hiver. Sevrés à 3 mois, ils resteront un temps à peu près égal en stabulation, puis, jusqu'à 10 mois, iront au pâturage avec les mères. Les naissances pendant l'été offriraient l'inconvénient de forcer à garder les mères à la bergerie au moins une douzaine de jours, en attendant que les agneaux soient de force à suivre le troupeau. A 10 mois, les 2/3 des agneaux seront vendus. Sur ces 2/3, on peut en compter 1/5 de faible constitution provenant de parturitions doubles. Deux mois de plus dans la métairie leur permettront d'atteindre un prix de vente au moins égal à celui des bêtes du premier lot vendues à 10 mois. Nous ne les vendrons donc qu'à 1 an. Le tiers restant des agneaux sera conservé pour remplacer à 2 ans les brebis mères réformées et vendues pour la boucherie.

Le bélier sera renouvelé tous les ans ou tous les 2 ans et restera en stabulation toute l'année. Au moment de la lutte, au mois d'août, on lui donnera un supplément d'avoine.

Pendant l'hiver, les animaux recevront, comme nourriture, des betteraves avec de la paille hachée et du fourrage sec (trèfle et ray-grass, sainfoin, luzerne). Après l'agnelage, les brebis mères recevront un supplément de son.

Pendant la belle saison, les moutons sont conduits au pâturage soit dans les prairies artificielles, soit dans les prairies élevées de graminées. Au mois d'août, ils passeront sur les chaumes des céréales.

On ne pratique pas dans cette partie du plateau de Langres le parcage des moutons. Les soins du berger reviennent comme attribution à l'un des domestiques de la ferme et c'est un enfant aidé par 1 ou 2 chiens qui conduit le troupeau au pâturage. Ils rentrent chaque soir passer la nuit à la bergerie.

La tonte est faite au mois de mai.

Espèce porcine

Comme race, nous choisirons le *Normand-Yorkshire*. Ce croisement réussit très bien dans les environs. Il est inutile d'insister sur ses qualités qui réunissent la précocité, la rusticité et la qualité de la chair.

Comme nourriture, les pommes de terre, le petit lait, les eaux de cuisine, le son, la farine d'orge avec quelques jours de pâturage dans les trèfles, si les fourrages sont abondants et si le métayer dispose d'un enfant pour garder ses animaux. Dans la région, le pâturage en grand n'est pas pratiqué, parce qu'il augmente rapidement les frais de la spéculation.

Le métayer fera l'élevage et l'engraissement. On peut compter 3 portées de 7 en 2 ans pour une truie mère, soit 17 porcelets par an. Une partie sera vendue au sevrage, à 2 mois, le reste engraissé pendant 10 mois pour être vendu à 1 an au poids moyen de 100 kilos.

————————

CHAPITRE III

Le Matériel agricole

Comme le métayer apporte avec lui ses instruments, on ne peut fixer le nombre qu'en comportera l'exploitation. L'important pour le propriétaire est de trouver le travail fait à temps et bien fait. Il n'a pas à s'occuper des moyens employés par son métayer.

Néanmoins, il peut agir sur celui-ci par persuasion pour lui faire adopter tel nouveau système perfectionné et au besoin, en l'aidant à faire une acquisition que lui interdiraient ses seules ressources, il rendra service à l'association.

On peut estimer nécessaires à chacun des grands domaines 2 charrues et une pour le petit. Il est facile de calculer le reste comme d'ordinaire pour des étendues de 10 ou 50 h.

L'aperçu suivant donnera une idée des instruments couramment employés dans le plateau de Langres et de ceux qu'on pourrait vraisemblablement y introduire.

Charrues, herses, extirpateurs. — La charrue à avant-train et âge mobile se déplaçant sur deux vis sans fin en hauteur et en largeur a remplacé depuis longtemps l'araire. Elle est préférable au brabant à cause des terres en pente et des rochers qui rendraient l'emploi de ce dernier imprudent. Les labours dépassent rarement 25 à 30 cm en profondeur. On n'opère les défonçages qu'à la main et en très petite quantité.

En adaptant à la charrue un double versoir, on réalise la houe.

La herse articulée en fer, à dents droites ou obliques est d'un emploi général. Il n'en est pas de même pour les extirpateurs, les scarificateurs et autres instruments analogues qui deviendraient bientôt indispensables si leurs résultats étaient mieux connus. Nous pensons que le vibrateur canadien, modèle Bajac ou Puzenat, est de tous celui qui rendrait le plus de services.

Il convient de lui adjoindre le régénérateur des prairies. Tous ces instruments possédant le même chassis et ne différant que par les dents interchangeables, leur emploi en est d'autant plus simplifié.

Quant à la bineuse c'est affaire au métayer de voir s'il trouve son compte avec l'économie de personnel que cet instrument lui procure.

Rouleaux. — Les rouleaux en pierre, de poids énorme, ont été remplacés par des rouleaux de bois auxquels on substitue actuellement la fonte. Les rouleaux métalliques à 4 disques plats ou mieux ondulés sont préférables à tous les autres. Le crosskill excellent pour certaines terres fortes n'aurait pas grand emploi.

Nous ne nous étendrons pas sur l'étaupinoir de Mathieu de Dombasle d'une construction si économique. Quoique ne ressemblant guère à un rouleau, il rentre dans la catégorie des instruments destinés à tasser et à applanir le sol. Il est formé d'un simple bâti carré en bois. Sur l'un des côtés est appliquée une lame de fer dépassant de 3 cm.

Semoirs. — Les semoirs en ligne ne seraient pas pratiques ; quant aux semoirs à la volée, ils ne sont pas employés. Peut-être des semoirs à engrais seraient-ils plus utiles dans la suite.

Instruments de récolte. — La faucheuse, la moissonneuse et la moissonneuse-lieuse se sont beaucoup répandues lors de ces dernières années et les cultivateurs de la région en sont universellement satisfaits pour leur travail rapide et économique. Dans la petite culture et pour la récolte du seigle, la faulx armée est encore très employée.

L'emploi des bovins comme animaux de travail ne souffre aucune difficulté pour le fauchage mécanique. Les constructeurs ont prévu le cas et livrent sur commande des machines où une plus grande multiplication des pignons dentés ramène la marche de la scie à sa vitesse normale.

Il en serait de même pour les faneuses, si ces instruments étaient plus employés dans la région. On fane à bras d'homme. Ce système est plus lent, subordonné à la main-d'œuvre, mais le travail est incomparablement mieux fait. Du reste, l'idéal semble être encore l'ensilage qui rend ce travail inutile sans faire perdre au fourrage de sa qualité.

Ajoutons un mot à propos d'un instrument qui se rapproche de la faucheuse et dont nous avons récemment constaté chez un agriculteur de l'Oise les résultats merveilleux ; nous voulons parler de l'écimeuse. Le principe de la culture consiste à pousser la céréale pendant sa première période d'existence par des engrais appropriés et à l'écimer de moitié quand elle atteint 20 à 30 cm. On obtient ainsi des champs d'une homogénéité remarquable et on évite la verse. Malheureusement le prix de ces instruments est actuellement inabordable pour la moyenne culture.

Les betteraves et les pommes de terre sont arrachées à la main. A propos de l'arrachage, nous ne ferions que répéter ce que nous avons dit pour la bineuse.

Battage. — A part pour le seigle, le battage au fléau a presque disparu. On bat en grange avec des machines fixes mues par un manège situé inférieurement. Les trépigneuses sont très employées depuis quelques années. Le battage à l'entreprise se fait au moyen de moteurs à pétrole ou à vapeur ; mais le cultivateur trouve généralement son avantage à battre lui-même.

Véhicules. — On chercherait en vain dans le plateau de Langres les lourds et puissants véhicules des plaines du Nord. Les chars à moisson à 1 ou 2 paires de roues sont chargés au plus, quand la route le permet, de 1500 kg de foin. La contenance d'un tombereau atteint rarement 1 mc. La forme des charettes à fumier à bord très bas laisse une grande latitude de charge, indispensable avec les pentes rapides qu'elles sont obligées de gravir. Heureusement les chemins sont bien empierrés et l'enlizement n'y est jamais à craindre. Des tonneaux à purin seraient de première nécessité pour la fumure des prairies naturelles. La perte des parties liquides du fumier est en effet une grosse faute, faute qui n'est malheureusement que trop universelle dans les fermes de notre région.

Rations. — Pour la confection des rations un coupe-racines est indispensable. Le moteur est toujours un manège dans la moyenne et la grande culture. Un concasseur pour tourteaux serait également très utile. Ils sont d'ailleurs fort employés.

Beurrerie. — Comme l'industrie du beurre n'est qu'un accessoire de la spéculation sur l'élevage et que les quantités annuelles de ce produit fournies par les métairies sont peu importantes, il serait inutile de faire des frais pour l'installation de machines perfectionnées. On veillera seulement à ce que la propreté la plus parfaite règne dans la beurrerie, propreté d'autant plus nécessaire qu'il est probable que nous nous en tiendrons à l'ancien système pour l'obtention de la crème et que nous ne posséderons pas de centrifuge.

CHAPITRE IV

Les Engrais

La Restitution

Confirmant les découvertes de la science, l'expérience a démontré que l'agriculteur doit s'attacher à restituer au sol d'une manière intégrale les éléments fertilisants que lui enlèvent les récoltes.

Théoriquement, la méthode la plus sûre pour se rendre compte de la quantité de ces éléments devrait être basée sur l'analyse chimique des produits du sol. Or, dans la pratique, on ne peut se fier aux tables de la composition des fourrages, composition variable avec le pays, les années, le climat, etc., et l'on se trouverait acculé à de coûteuses et multiples analyses.

Il semble donc plus rationnel, si l'on veut simplifier la question et la cantonner à la richesse générale de l'exploitation, de ne considérer que les produits exportés et importés. La comparaison entre les sommes des divers éléments des deux catégories accusera un bénéfice ou une perte pour l'exploitation et la façon d'y remédier. Ici les denrées d'exportation comprendront les grains et les animaux. Dans l'importation, rentreront les engrais et les aliments achetés au dehors.

Dans les tableaux suivants affectés à chacune des métairies, nous n'envisagerons que les trois éléments : azote, acide phosphorique et potasse, la chaux étant en quantité assez considérable dans le sol pour que les pertes de cette base soient sans conséquence pour lui.

7

Métairie des Noues

PRODUITS EXPORTÉS (1)		Az.		P²O⁵		K²O	
		°/₀	TOTAL	°/₀	TOTAL	°/₀	TOTAL
Blé (72 hl)	5400 k.	2.08	112.32	0.82	44.28	0.55	29.70
Avoine (110 hl)	5500 k.	1.92	105.6	0.80	44 »	0.42	23.10
Orge (39 hl)	2457 k.	1.52	87.34	0.72	17.69	0.48	11.79
Seigle (111 hl)	7881 k.	1.76	138.70	0.82	64 62	0.54	42.55
2 Vaches	1100 k	2 50	27.5	1.86	20 46	0.17	1.87
4 Bœufs	3200 k	2.32	74.24	1.80	57.60	0.20	6.43
25 Brebis	1125 k.	1.97	22 16	1.23	13.83	0.15	1.68
50 Agneaux	1250 k.	2.30	28.75	1.23	15.37	0.15	1.87
4 Truies et porcs gras	400 k.	1.75	7	1.12	4.48	0.24	0.96
47 Porcelets	940 k.	2.19	20.58	1.01	9.49	0.28	2.63
Laine	300 k.	9.44	28.32	0.24	0 72	5.44	16.32
TOTAL.............			602ᵏ51		292ᵏ54		188ᵏ90

PRODUITS IMPORTÉS		Az.		P²O⁵		K²O	
		°/₀	TOTAL	°/₀	TOTAL	°/₀	TOTAL
Superphosphate	6500 k.			13-15	910		
Scories	3000 k.			15	450		
Sulfate de potassium	700 k					47	329
Légumineuses (2)	180000 k.	1.5975	2875.5				
Tourteau de navette	300 k.	4.62	13.86	1.8	5.4	0.7	2.1
Tourteau d'arachides	750 k.	7.58	56.85	1.5	11.25	0.8	6
Farine d'orge	1100 k.	1.85	20.35	2.1	23.1	0.78	8.58
Son	1000 k.	2.88	28.82	2.9	29	0.9	9
TOTAL.............			2994ᵏ38		1428ᵏ75		354ᵏ68
BÉNÉFICE...........			239ᵏ187		1136ᵏ21		215ᵏ78

(1) Dans les produits exportés, nous ne comprenons pas ceux dont les quantités ne sont pas déterminées, comme les œufs et les volailles, ou ceux qui, comme le beurre, n'occasionnent qu'une perte insignifiante en éléments fertilisants ; pas plus que nous ne comptons, pour les mêmes raisons, dans les denrées importées, la farine de riz, les semences, certains engrais supplémentaires, etc.

(2) Les légumineuses puisant les 3/4 de leur Az dans l'air, il convient de le compter dans les produits importés au même titre qu'un engrais. La quantité moyenne de l'Az de nos légumineuses étant de 2.13 0/0, les 3/4 seront de 1,5975 et c'est sur ce chiffre que nous calculerons l'apport du fourrage sec des prairies artificielles.

Métairie de la Tour

PRODUITS EXPORTÉS		Az.		P²O⁵		K²O	
		°/₀	TOTAL	°/₀	TOTAL	°/₀	TOTAL
Blé (126 hl) 9450 k.		2.08	196.56	0.82	86.10	0.55	57.75
Avoine (192 hl) 9600 k.		1.92	184.32	0.80	76.80	0.42	40.83
Orge (23 hl) 1449 k.		1.52	22.02	0.72	10.43	0.48	6.95
Seigle (23 hl) 1633 k.		1.76	28.73	0.82	13.39	0.54	8.81
2 Vaches 1100 k.		2.50	27.5	1.86	20.46	0.17	1.87
4 Bœufs 3200 k.		2.32	74.24	1.80	57.6	0.20	6.43
20 Brebis 900 k.		1.97	17.73	1.23	11.07	0.15	1.35
40 Agneaux 1000 k.		2.30	23	1.23	12 3	0.15	1 5
4 Truies et porcs gras 400 k.		1.75	7	1.12	4.48	0.24	0.96
47 Porcelets 940 k.		2.19	20.58	1.01	9.49	0.28	2.63
Laine 240 k.		9.44	22.65	0.24	0.57	5.44	13.05
Total............			624ᵏ33		302ᵏ69		131ᵏ62

PRODUITS IMPORTÉS		Az.		P²O⁵		K²O	
		°/₀	TOTAL	°/₀	TOTAL	°/₀	TOTAL
Superphosphate 6000 k.				13/15	840		
Scories 3000 k.				15	450		
Sulfate de potassium 700 k.						47	329
Légumineuses 148000 k.		1.5975	2364.3	1.8	5.4	0.7	2.1
Tourteau de navette 300 k.		4.62	13.86	1.8	5.4	0.7	2.1
Tourteau d'arachides 750 k.		7.58	56.85	1.5	11.25	0 8	ʺ
Farine d'orge 1100 k.		1.85	20.35	2.1	23.1	0.78	8.58
Son 750 k.		2.88	21.60	2.9	21.75	0.9	6.75
Total............			2476ᵏ96		1351ᵏ50		352ᵏ48
Bénéfice..........			1852ᵏ63		1048ᵏ81		220ᵏ81

Métairie du Moulin

PRODUITS EXPORTÉS		Az.		P²O⁵		K²O	
		°/₀	TOTAL	°/₀	TOTAL	°/₀	TOTAL
Blé (36 hl)	2700 k.	2.08	5⁴.16	0.82	22.14	0.55	14.85
Avoine (55 hl)	2750 k.	1.92	52 »	0 80	22	0.42	11.55
Seigle (36 hl)	2556 k.	1.76	44.98	0.82	20.95	0.54	13.80
2 Vaches	1100 k.	2 50	27.5	1.86	20.46	0.17	1.87
4 Veaux	400 k.	2.50	10	1.35	5 4	0 24	0.96
2 Bouvillons	1100 k.	2.50	27.5	1.72	18.92	0.21	2.31
1 Porc gras	100 k.	1.75	1.75	1.12	1.12	0.24	0 24
15 Porcelets	300 k.	2.19	6.57	1.01	3.03	0.28	0.84
TOTAL..			229ᵏ26		114ᵏ02		46ᵏ42

PRODUITS IMPORTÉS		Az.		P²O⁵		K²O	
		°/₀	TOTAL	°/₀	TOTAL	°/₀	TOTAL
Superphosphate	2100 k.			13/15	294		
Scories	1000 k.			15	225		
Sulfate de potassium	250 k.					47	117.5
Légumineuses	36000 k.	1.5975	575.1				
Tourteau de navette	360 k.	4.62	16.63	1 8	6.48	0.7	2.52
Tourteau d'arachides	380 k.	7.58	28.8	1.5	5.70	0.8	3.04
Farine d'orge	550 k.	1.85	10.97	2.1	11.55	0.78	4.12
TOTAL...			630ᵏ70		542ᵏ73		127ᵏ18
BÉNÉFICE....... ...			401ᵏ44		428ᵏ71		80ᵏ76

Sous quelle forme restituer au sol les éléments fertilisants

Par les tableaux précédents, nous avons constaté que loin de s'appauvrir en principes fertilisants, les trois métairies trouvent chaque année un bénéfice sensible par la balance de leurs importations et de leurs exportations. On a pu remarquer le rôle important joué par les légumineuses dans la restitution de l'Az.

Nous allons maintenant examiner la manière par laquelle l'exploitant applique au sol les principes fertilisants provenant soit du dehors, comme les engrais minéraux, soit des denrées consommées à l'intérieur.

Azote

Le fumier étant l'engrais fondamental dans toute exploitation et le principal engrais azoté, l'unique pour nous la plupart du temps, nous allons en rechercher les quantités produites dans chaque métairie. Nous emploierons la méthode de Thaër, qui offre le double avantage d'être simple et de concorder avec la pratique.

Elle consiste à faire la somme des litières et des nourritures consommées à l'étable, le poids de ces dernières évalué en foin normal, et à multiplier par le coëfficient 2.

Métairie des Noues

Les animaux de travail (bœufs et bouvillons au dressage) passent 1/3 de la journée dans les champs ; il ne faut donc compter que les 2/3 de leur nourriture pendant ce temps, soit $\dfrac{27308 \times 2}{3} = 18205$ k.

Les animaux de rente consommeront à l'étable :

$202950 + 10233$ [1] $- 17625$ [2] $- 27308$ [3] $= 168250$ k.

La quantité de fumier produite sera donc :

$$(168250 + 18205 + 41000)\,2 = 454910 \text{ k.}$$

Ils seront ainsi répartis :

Betteraves........	(3 ha 1/2)	210000
Pommes de terre..	(3 ha 1/2)	180000
Seigle..........	(4 ha)	12000
		402000

(1) Consommation des porcs.
(2) Réserve fourragère.
(3) Nourriture des animaux de travail.

L'excédent sera utilisé pour la création de prairies temporaires de graminées, environ de 2 ha 1/2 par an, et suppléera aux pertes qui se produisent inévitablement lors de la fabrication.

MÉTAIRIE DE LA TOUR

Animaux de travail : $\dfrac{27308 \times 2}{3} = 18205$

Animaux de rente : $181925 + 10233 - 12655 - 27308 = 152195$ k.

Quantité de fumier : $(152195 + 18205 + 36900)\, 2 = 414600$ k.

Répartition :		
Betteraves.......	(3 ha)	180000
Pommes de terre.	(2 ha 80)	150000
Blé.............	(3 ha)	45000
		375000

Et 2 ha 1/2 de prairies temporaires.

MÉTAIRIE DU MOULIN

Animaux de travail : $\dfrac{19548 \times 2}{3} = 13032$ k.

Animaux de rente : $61766 + 3411 - 8093 - 19548 = 37536$ k.

Quantité de fumier : $(37536 + 13032 + 12700)\, 2 = 126536$ k.

Répartition :		
Betteraves.......	(1 ha 1/2)	90000
Pommes de terre.	(1/2 ha)	30000
Seigle..........	(2 ha)	6000
		126000

La fabrication du fumier sera surveillée attentivement, car les qualités de cet engrais varient avec la manière dont il a été étendu, tassé, s'il a été arrosé au purin. De même, il doit attendre le moins possible dans le champ avant d'être étendu et enfoui.

Le purin sera employé pour les prairies naturelles exclusivement, le fumier devant en être écarté.

Un bon fumier contient en moyenne 0,5 °/₀ d'Az organique, ammoniacal ou nitrique.

Comme les fumures appliquées sont très fortes, il est peu probable que nous ayons à user des nitrates.

En outre, nous avons vu que les légumineuses fournissent au sol un apport considérable d'Az, apport très utile dans le cas présent pour l'amélioration des terres et pour compenser les déperditions d'Az nitrique assez à craindre sur les plateaux.

Acide phosphorique

Par le fumier (0,26 %) nous en appliquons déjà une certaine quantité. Elle serait insuffisante sans l'emploi des super-phosphates.

Un excès de phosphore n'est pas à craindre dans nos terres et un large usage de ces engrais nous semble un remède assuré contre la verse des céréales, à part quelques cas exceptionnels.

Sur les cultures des terres argilo-calcaires, le superphosphate est préférable aux scories, qui seront réservées aux prairies naturelles dont le sol limoneux est très riche en humus. Elles feront également bon effet sur les prairies temporaires.

Potasse

L'engrais potassique, préférable pour nos métairies qui n'en consomment que de petites quantités, est le sulfate de potassium. La kaïnite ne serait avantageuse qu'en grandes quantités et elle nécessiterait des transports plus considérables.

D'autre part, il est évident pour nous qu'à part la kaïnite assez employée pour les prés, le meilleur engrais potassique est le sulfate. Ce sel produit des effets bien supérieurs à ceux du chlorure et, tout compte fait, revient encore le moins cher.

Les quelques cents kilos appliqués chaque année sur les terres les plus calcaires compensent largement leurs pertes. Quant aux terres argilo-marneuses, elles contiennent cet élément en forte quantité.

Chaux

Elle est fournie au sol par le calcaire répandu partout en masses telles que sans posséder un fort degré de solubilité il ne peut faire défaut à aucune terre.

Le fumier restitue au sol 0,56 de potasse et 0,58 de chaux.

———————

CHAPITRE V

Résultats financiers

Comptabilité

Autant la comptabilité d'une exploitation par faire-valoir direct peut être compliquée, autant celle du métayage est simple et facile, et ce n'est pas là le moindre avantage de ce mode de jouissance. Il n'y a en effet aucun compte à tenir pour les journées d'ouvrier, les journées de travail des animaux, etc.

Toute la comptabilité peut se résumer sur un registre tenu par le propriétaire, sorte de journal où sont inscrites au fur et à mesure toutes les dépenses et recettes supportées par l'association, c'est-à-dire par moitié entre le propriétaire et le colon.

Les recettes comprennent les ventes de bétail et celles de quelques rares produits vendus avant partage.

Les dépenses comprennent les achats d'animaux, semences, engrais, sons, tourteaux et autres denrées pour la nourriture des animaux.

Le propriétaire, gérant de l'association, reçoit tout et paie tout. Au 11 novembre, on établit la balance entre les recettes et les dépenses et les bénéfices sont partagés (1).

Il est bon que le propriétaire tienne un compte particulier pour le colon. Ce dernier peut en effet recevoir durant l'année des

---

(1) Nous avons vu que le métayer doit, d'après une clause du bail, tenir un journal semblable à celui du propriétaire vis-à-vis de la société et faute par le colon de le présenter en cas de contestation, celui du propriétaire doit faire foi en justice. Ces deux registres se prouvant en somme réciproquement, il importe pour éviter tout sujet de discussion que le propriétaire contrôle celui du colon au moins tous les mois.

acomptes sur la part de ses bénéfices et déduction doit en être faite au règlement des comptes.

D'autre part, il peut faire des dépenses pour le compte de la société, dépenses qui devront être inscrites à son crédit en même temps qu'au débit de cette dernière afin d'être supportées à charges égales par les deux parties.

Au 11 novembre, on compare les colonnes du crédit et du débit et l'on tient compte de la différence dans la part du colon au compte de la société.

Le compte du métayer doit être signé par le propriétaire et le métayer.

Un tel compte particulier serait inutile pour le propriétaire qui, tenant le registre de la communauté, inscrit toutes les dépenses directement sur ce dernier et dispose de l'argent de la caisse.

Si l'un des associés achète un animal ou une denrée quelconque à l'exploitation, le prix en sera porté suivant le cas au débit du compte particulier du métayer et aux recettes de la société ou seulement sur ces dernières.

Si l'un des associés fournissait à lui seul les semences, il agirait comme un vendeur vis-à-vis de la société. Le prix serait inscrit au débit de la société et au crédit du compte du métayer ou dans les recettes au compte du propriétaire. L'un ou l'autre seraient ainsi crédités de la valeur du supplément de semences qu'il fournirait sur sa part réglementaire.

Si le propriétaire veut connaître les résultats financiers de son domaine, il n'a qu'à tenir pour lui-même un compte spécial où seront inscrits aux recettes : l'impôt colonique, les résultats des ventes opérées après partage (grains, laine), et sa part du compte commun ; aux dépenses, celles qui lui incombent, comme les impôts, réparations, etc.

Exemple de la comptabilité non détaillée des trois domaines

I. — Métairie des Noues

COMPTE DE LA SOCIÉTÉ

RECETTES

2 vaches	de 550 k.	à 0f 70 le k.	. . . .	770f
4 boeufs	» 800 »	0 80 »	. . . .	2.560
25 brebis	» 45 »	1 »	. . . .	1 125
50 agneaux	» 25 »	1 »	. . . .	1.250
1 bélier	» 65 »	0 80 »	. . . .	52
4 (truies et porcs gras)	» 100 »	0 90 »	. . . .	366
47 porcelets	» 20 »	1 »	. . . .	940
Beurre	» 90 »	2 »	. . . .	180
				7.237f

DÉPENSES

Semences,			. . . .	1.850f »»
Plâtre,	1000 k à	12f les 1000 k	. .	12 »»
Superphosphate,	6500 »	56 »	. .	364 »»
Scories,	3000 »	23 »	. .	69 »»
Sulfate de potasse,	700 »	30 »	. .	21 »»
Tourteau de navette,	300 »	50 »	. .	15 »»
T. d'arachides,	750 »	79 »	. .	59 25
Farine d'orge,	1100 »	140 »	. .	154 »»
Son,	1000 »	130 »	. .	130 »»
1 taureau (1),			. . . .	600 »»
1 bélier,			. . . .	125 »»
Divers,			. . . .	200 »»
				3.599f 25

Balance au 11 novembre : 3.637 fr. 75

Part de chaque associé : 1.818 fr. 85

(1) Le prix d'achat du taureau ne doit être porté au compte de la Société que pour un maximum de 600 fr., le surplus étant à la charge du propriétaire d'après une clause du bail et devant être porté aux dépenses de son compte particulier.

COMPTE PARTICULIER DU MÉTAYER

CRÉDIT		DÉBIT	
Son fourni par lui	100f	Impôt colonique.	350f
Semences.	300	Avances d'argent	500
		1 porc gras (100 kg à 0 fr. 90) .	90
	400f		940f

Reste dû par le métayer : 540 fr

Part du métayer au 11 novembre sur le compte de la Société : 1.818 fr. 85 — 540 = 1.278 fr. 85

COMPTE PARTICULIER DU PROPRIÉTAIRE

RECETTES		DÉPENSES	
Impôt colonique (1).	350f »»	Impôts	400f »»
Blé (2) 1/2 de 72 = 36 hl à 16f »».	576 »»	Réparations.	350 »»
Avoine 1/2 de 110 = 55 hl à 8 »».	440 »»	Supplément de prix du taureau .	100 »»
Orge 1/2 de 39 = 19 hl 1/2 à 12 »».	234 »»	Assurances des bâtiments . .	30 »»
Seigle 1/2 de 111 = 55 hl 1/2 à 11 »».	605 »»	— par moitié des fourrages .	20 »»
Laine 1/2 de 300 = 150 kg à 1 30.	195 »»	Battage	170 »»
Part de la Société	1.818 85		
	4.218f 85		1.070f »»

Bénéfice net au 11 novembre pour l'exercice 19..-19.. : 3.148 fr. 85

(1) L'impôt colonique étant dû par le métayer au propriétaire, il doit être porté au débit du compte particulier du premier et aux recettes du second, et non sur le compte de la Société, qui ne doit comporter que les articles encaissés par moitié entre les deux parties. Au règlement des comptes, le propriétaire se paie sur la part de la Société qui revient au colon.

(2) Pour cette céréale, comme pour les suivantes, la semence a été défalquée de la quantité indiquée dans les tableaux.

II. — Métairie de la Tour

COMPTE DE LA SOCIÉTÉ

RECETTES

2 vaches	de	550 k. à	0f 70	le k. . . .		770f
4 bœufs	»	» »	»	» . .		2.560
20 brebis	»	45 »	1 »	» . .		900
40 agneaux	»	25 »	1 »	» . .		1.000
1 bélier	»	65 »	0 80	» . .		52
4 (truies et porcs gras)	»	100 »	0 90	» . .		360
47 porcelets	»	20 »	1 »	» . .		910
1 taureau	»	550 »	0 70	» » . .		385
Beurre	»	90 »	2 »	» . .		180
						7.147f

DEPENSES

Semences,		. . . . .		1.500f »»
Plâtre,	2000 k. à	12f les 1000 k.		12 »»
Superphosphate,	6000 »	» »	56	336 »»
Scories,	3000 »	» »	23	69 »»
Sulfate de potasse,	700 »	» »	30	21 »»
Tourteau de navette,	300 »	» »	50	15 »»
T. d'arachides,	750 »	» »	79	59 25
Farine d'orge,	1100 »	» »	140	154 »»
Son,	750 »	» »	130	97 50
1 bélier,				125 »»
Divers,				200 »»
				2.600f 75

Balance au 11 novembre : 4.546 fr. 25

Part de chaque associé : 2.273 fr. 10

COMPTE PARTICULIER DU MÉTAYER

CRÉDIT		DÉBIT	
Farine d'orge	154f	Impôt colonique	350f
Semences	250	Avances d'argent	400
		1 porc	90
	404f		840f

Reste dû par le métayer au 11 novembre : 436 fr.

Part du métayer au 11 novembre sur le compte de la Société : 2.273 fr. 10 — 436 = 1.837 fr. 10

COMPTE PARTICULIER DU PROPRIÉTAIRE

RECETTES		DÉPENSES	
Impôt colonique	350f »	Impôts	400f »
Blé 1/2 de 126 = 63 hl à 16f ».	1.008 »	Réparations	350 »
Avoine 1/2 de 192 = 96 hl à 8f ».	768 »	Assurances des bâtiments . . .	30 »
Orge 1/2 de 23 = 11 hl 1/2 à 12f ».	138 »	— par moitié des fourrages.	20 »
Seigle 1/2 de 23 = 11 hl 1/2 à 11f ».	126 50	Battage	170 »
Laine 1/2 de 240 = 120 kg à 1f 30.	156 »	Construction	800 »
Intérêt à 4 0/0 de 800f construction .	32 »		
Part de la Société	2.273 10		
	4.851f 60		1.170f »

Bénéfice net au 11 novembre pour l'exercice 19..-19.. : 4.851 fr. 60 — 1.770 = 3.081 fr. 60

III. — Métairie du Moulin

COMPTE DE LA SOCIÉTÉ

RECETTES

2 vaches	de	550 k	à 0f 70 le k	. . .	770f
4 veaux	»	100 »	1 »	. .	400
2 bouvillons	»	550 »	0 90 »	.	1.035
1 porc gras	»	100 »	0 90 »	.	90
15 porcelets	»	20 »	1 »	.	300
Beurre	»	216 »	2 »	.	432
					3.027f

DÉPENSES

Semences				540f »»
Plâtre,	300 k	à 12f les 1000 k.		3 60
Superphosphate,	2100 »	» 56		117 60
Scories,	1500 »	» 23		34 50
Sulfate de potasse,	250 »	» 30		7 50
Tourteau de navette,	360 »	» 50		18 »»
T. d'arachides,	380 »	» 79		30 »»
Farine d'orge,	550 »	» 140		77 »»
Divers,				150 »»
				978f 20

Balance au 11 novembre : 2.049 fr. 80

Part de chaque associé : 1.024 fr. 90

COMPTE PARTICULIER DU MÉTAYER

CRÉDIT		DÉBIT	
Semences	150f »»	Impôt colonique	150f »»
		Avances d'argent	200 »»
		1 porc	90 »»
			440f »»

Reste dû par le métayer : 280 fr.

Part du métayer au 11 novembre sur le compte de la Société : 1.024 fr. 90 — 280 = 744 fr. 90

COMPTE PARTICULIER DU PROPRIÉTAIRE

RECETTES		DÉPENSES	
Impôt colonique.	150f »»	Impôts.	150f »»
Blé 1/2 de 36 = 18 hl à 16f . . .	288 »»	Réparations	225 »»
Avoine 1/2 de 55 = 27 hl 1/2 à 8f .	220 »»	Assurances des bâtiments . .	20 »»
Seigle 1/2 de 36 = 18 hl à 11f . .	198 »»	par moitié des fourrages . .	10 »»
Part de la Société	1.024 90	Battage	80 »»
	1.880f 90		455f »»

Bénéfice net au 11 novembre pour l'exercice 19..-19.. : 1.880 fr. 90 — 455 = 1.425 fr. 90.

Inventaire du mobilier vivant. Cheptel de fonds

Pour faire suite à ces exemples de la comptabilité des domaines, nous allons dans le tableau suivant donner une estimation approximative du mobilier vivant trouvé par l'inventaire au 11 novembre, ainsi que la valeur du cheptel de fonds attaché à chaque métairie.

ANIMAUX — ESPÈCE ET AGE	MÉTAIRIE DES NOUES NOMBRE	ESTIMATION	MÉTAIRIE DE LA TOUR NOMBRE	ESTIMATION	MÉTAIRIE DU MOULIN NOMBRE	ESTIMATION
Vaches de 3 à 8 ans.............	6	2.450	6	2.450	8	3.220
Veaux de 5-12 mois.............	6	630	6	630	4	420
Bouvillons et génisses de 1 à 2 ans.	6	1.470	6	1.470	4	980
Génisses de 2-3 ans.............	2	720	2	720	2	720
Bouvillons de 2-3 ans...........	4	1.620	4	1.620	2	810
Bœufs de travail 3-4 ans........	4	1.920	4	1.920		
Bœufs de travail 4-5 ans........	2	1.200	2	1.200		
Taureau.......................	1	700				
Brebis mères 2-4 ans...........	75	3.375	60	2.700		
Agneaux de 1 an...............	35	980	28	784		
Belier........................	1	50	1	50		
Truies mères..................	3	270	3	270	1	90
Porcs à l'engrais..............						
Porcelets.....................	1	45	7	35	7	70
Estimation totale du cheptel....		15.430		13.849		6.310
Valeur du cheptel de fonds :		5.000		4.500		2.000

Valeur de la part du métayer :

$$\frac{15.430 - 5.000}{2} = 5215^f \qquad \frac{13.849 - 4.500}{2} = 4.674^f50 \qquad \frac{6.310 - 2.000}{2} = 2.155^f$$

8

En comparant ces résultats avec ceux de l'année précédente, il est facile de se rendre compte immédiatement s'il y a plus ou moins-value dans l'estimation du cheptel.

Inventaire des Fourrages

Il est assez difficile de fixer d'une manière exacte dans le bail la quantité des fourrages à consommer dans le domaine jusqu'au 11 novembre, époque de l'inventaire et de la sortie des métayers. D'un côté les récoltes varient d'une année à l'autre, et le cheptel d'autre part est susceptible d'augmentation ou de diminution.

En laissant toute latitude au métayer, celui-ci sera tenté, lors de sa sortie, de pousser à la consommation pour profiter le plus possible de l'estimation des animaux ; en ne lui laissant pas une quantité suffisante de fourrages secs à consommer, il cherchera à se rattraper sur le pâturage. La proportion la plus équitable à insérer dans le bail semble être le quart des fourrages récoltés. Le propriétaire constate en faisant l'inventaire comment les conditions ont été exécutées et agit en conséquence.

CONCLUSION

Grâce à l'emploi du métayage, nous espérons pouvoir réaliser à Courlon les quelques améliorations énoncées au cours de ce travail et dont voici les principales :

1º Rectification de l'assolement, suppression de la jachère et de certaines cultures dont le résultat est aléatoire ;

2º Extension des prairies artificielles et création de prairies temporaires ;

3º Emploi des bovins comme animaux de travail ;

4º Spéculations animales réduites à l'élevage et à l'engraissement ;

5º Emploi plus large des engrais.

A la fin de cette étude sur l'application du métayage dans le plateau de Langres, nous rappellerons brièvement son origine et son histoire. Ces quelques mots feront mieux comprendre l'œuvre que nous en pouvons attendre à l'heure présente.

La pratique du métayage est des plus anciennes. On la retrouve dans les premiers siècles de notre ère sous l'empire romain. Le code théodosien renferme des dispositions à son égard. Le christianisme, en s'établissant dans la société antique, humanisa ses mœurs et l'esclavage fut remplacé peu à peu par le colonage. Il était florissant en Italie et en Gaule quand apparurent les Barbares. Les peuples changèrent de maîtres, les pays de nom et le colonage devint en France le servage.

On a beaucoup écrit sur le servage et on l'a méprisé presque au même titre que l'esclavage. Or des recherches consciencieuses ont établi que l'état de la société française au Moyen-Âge n'était pas si pitoyable que veulent bien le faire croire des historiens peu loyaux. Le paysan nourrissait le château féodal ; mais il trouvait en lui un protecteur contre les incursions et les pillages de voisins querelleurs. Autres temps, autres croyances ; le colonage était une institution des plus justes et non un moyen d'oppression. Et actuellement, pour d'autres raisons, n'est-il pas une solution au milieu de nos luttes économiques et sociales, ne résume-t-il pas la juste association du propriétaire et de celui qui ne possède pas, association où la pire mauvaise foi chercherait en vain quelque crime de lèse-dignité du travailleur. Au Moyen-Âge, l'agriculture était encore peu développée, faibles étaient les produits du sol ; une moitié était nécessaire pour la subsistance du colon. L'origine du terme métayage serait donc dans ce partage des récoltes par moitié.

Dans le Centre, l'Ouest, le Midi, ainsi que dans une partie de l'Est, le métayage s'est perpétué jusqu'à nos jours, parce qu'il leur était indispensable, tandis que les régions riches et populeuses, voisines des grandes villes, permettaient un faire-valoir direct beaucoup plus rémunérateur.

Nous avons suffisamment étudié le problème actuel de la main-d'œuvre, si insoluble dans certains pays, pour envisager avec espoir la pratique du métayage. Au point de vue des revenus de l'exploitation, c'est une garantie et un moyen de tourner bien des difficultés. Mais il en est un autre non moins digne d'intérêt et d'un idéal plus élevé. Nous voulons parler de l'œuvre sociale du métayage.

Nous avons vu en lui une solution dans la question ouvrière agricole, solution qui n'est peut-être pas partout praticable, mais qui peut rendre des services sur une notable étendue du territoire français. Pour le présent, cette association du capital et du travail agricole n'est-elle pas œuvre éminemment salutaire pour chacun, puisqu'elle ramène le premier à la campagne et arrête l'autre sur la route de l'usine, unit dans un même labeur leur vie et leurs intérêts, facilite leurs rapports par un contact journalier et la reconnaissance des services rendus.

On peut dire que du jour où les anciens propriétaires du sol, ceux qui l'avaient reçu en même temps que la mission de la défendre et de le faire valoir, ont déserté leur poste, de ce jour les plaintes des classes inférieures ont pu paraître fondées. La légitimité du droit de propriété n'est pas contestable, mais celle-ci a besoin d'être justifiée pour ne pas éveiller de reproches, et profiter de ses revenus pour ne rien faire, n'est pas une justification.

Des exemples ont démontré l'influence que peut acquérir dans sa commune le propriétaire de bonne volonté. L'efficacité de cette influence sera d'autant plus grande que les intérêts du capital et du travail seront solidaires et c'est bien le cas du métayage.

En somme, le métayage a été universellement employé. Il a fait partie intégrante de l'état social de la vieille France et s'il n'y a de vraiment durable que le bon, surtout en économie sociale, les résultats de cette institution le prouvent amplement. Elle constitue une réponse victorieuse aux sophismes d'esprits qu'on s'évertue à faire passer pour philosophiques parce qu'ils attaquent la propriété et l'autorité. Après bien des crises, on reconnaît que les anciennes coutumes avaient du bon et tout porte à croire qu'il faut chercher dans la tradition du passé la sauvegarde de l'avenir.

TABLE DES MATIÈRES

Pages

Avant-Propos 7

PREMIÈRE PARTIE

Généralités sur la région

Situation géographique. Climat 9
Configuration générale. Orographie 10
Stratigraphie. 11
Hydrographie 12
Géologie 13
Nature et formation du sol 25
Aptitudes physiques 31
Principes fertilisants 33
Richesse et fécondité 36
Flore et faune 36
Spéculations et industries agricoles. Voies de communication.
    Foires et marchés. Débouchés 38
Habitudes et mœurs locales. Main-d'œuvre. 40

DEUXIÈME PARTIE

L'Exploitation

Chap. Ier. — Les terres. 45
Chap. II. — Bâtiments. 51
Chap. III. — Mode de jouissance. 55
Chap. IV. — État antérieur des cultures et rendements
        moyens 61

TROISIÈME PARTIE

	Pages
CHAP. Iᵉʳ. — L'assolement	63
CHAP. II. — Le bétail	77
CHAP. III. — Le matériel agricole	93
CHAP. IV. — Les engrais	97
CHAP. V. — Résultats financiers	105
CONCLUSION	115

Blois, imprimerie C. MIGAULT, 14, rue Pierre-de-Blois

Nº 523818

Brun d'Artis, A.
    Le métayage dans
le plateau de Langres.

S464
L273
B7

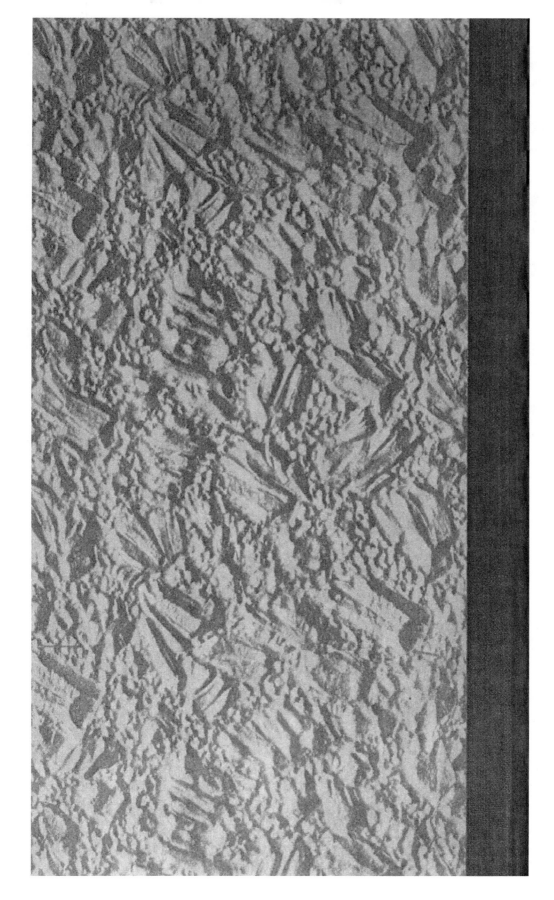

CPSIA information can be obtained at www.ICGtesting.com
Printed in the USA
BVOW02s0312120215

387364BV00013B/95/P